Libretti d'opera per stranieri

8

Don Giovanni

DRAMMA GIOCOSO IN DUE ATTI

LIBRETTO DI LORENZO DA PONTE
MUSICA DI WOLFGANG AMADEUS MOZART

a cura di Anna Biguzzi

BONACCI EDITORE

Printed in Italy

Bonacci editore

Via Paolo Mercuri, 8 - 00193 Roma
(ITALIA)
Tel. 06/68.30.00.04 – Telefax 06/68.80.63.82
e-mail: bonacci@flashnet.it

ISBN 88-7573-331-7

Il *Don Giovanni* di Wolfgang Amadeus Mozart

Che cosa dire del genio di Mozart e del suo *Don Giovanni* che non sia già stato detto da critici autorevoli e da artisti innamorati di quest'opera in particolare, nella quale si confrontano la terra e il cielo? Divertimento, leggerezza, ironia, dolore, disperazione e arroganza si alternano nelle note e nelle parole, culminando nella punizione del «dissoluto» che precipita nella fiamme infernali.

Una breve ma intensa annotazione sulla statura del grande musicista è contenuta nella novella *Mozart in viaggio verso Praga*, scritta da Eduard Mörike nel 1855. Mörike è forse il maggior poeta di quella stagione della letteratura in lingua tedesca che è nota come *Biedermeier* e i cui ideali sono molto vicini al sorridente equilibrio del migliore Rococò austriaco.

Dopo aver ascoltato il compositore, in viaggio per Praga per la prima rappresentazione del *Don Giovanni*, eseguire al pianoforte il travolgente finale dell'opera, Eugenia ha un'oscura premonizione: «Ne aveva l'assoluta certezza: quell'uomo, che si distruggeva nel suo fuoco interiore, poteva essere solo una fugace apparizione sulla terra, poiché essa non era in grado di sopportare la straordinaria ricchezza che egli avrebbe profuso».

Lorenzo Da Ponte

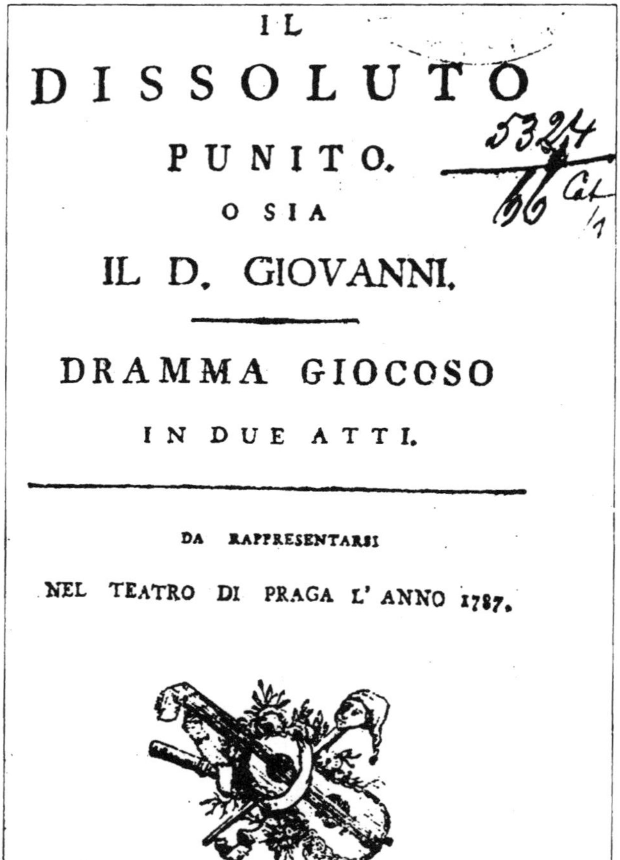

IL

DISSOLUTO

PUNITO.

O SIA

IL D. GIOVANNI.

DRAMMA GIOCOSO

IN DUE ATTI.

DA RAPPRESENTARSI

NEL TEATRO DI PRAGA L' ANNO 1787.

Il frontespizio della prima edizione definitiva del libretto del *Don Giovanni*, edita a Praga (Vienna, Società degli Amici della Musica)

Il dissoluto punito

ossia

Il Don Giovanni

Dramma giocoso in due atti

Don Giovanni, *giovane cavaliere estremamente licenzioso*;
Donn'Anna, *dama promessa sposa di Don Ottavio*
Il Commendatore, *padre di Donn'Anna*
Donn'Elvira, *dama di Burgos abbandonata da Don Giovanni*
Leporello, *servo di Don Giovanni*
Masetto, *contadino, amante di Zerlina, contadina*
Coro di contadini e contadine; Coro di servitori; Coro interno;
Suonatori; Servi

La scena si finge in una città della Spagna

«dissoluto, licenzioso»: attributi di Don Giovanni che ne sottolineano la condotta libertina; *«amante»*: in senso letterale = che ama; *«si finge»*: si suppone ambientata

Atto primo

SCENA PRIMA

Leporello, il servo di Don Giovanni, fa la guardia mentre il padrone compie una delle sue imprese 'donnesche' ed esprime tutto il suo malumore, anche con accenti ironici: 'ma che caro galantuomo'. Questo motivo tradizionale acquista in Leporello un carattere particolare, mescolando la critica al padrone con la connivenza, più o meno obbligatoria.

2. *«gradir»:* apprezzare
«pel»: per il
«celarsi»: nascondere il viso
12-17 e 22-27: nella partitura si trova l'indicazione «a tre, entrando uno dopo l'altro»
14. *«indarno»:* invano
16. *«tumulto»:* confusione
20. *«scellerato»*: im-

SCENA PRIMA

Giardino; da un lato il palazzo del Commendatore, al piè del quale stanno delle panche di pietra. Notte.
Leporello; poi Donn'Anna e Don Giovanni; indi il Commendatore

LEPORELLO

Notte e giorno faticar
Per chi nulla sa gradir;
Piova e vento sopportar,
Mangiar male e mal dormir...
Voglio far il gentiluomo,
E non voglio più servir.
Oh, che caro galantuomo!
Voi star dentro con la bella,
Ed io far la sentinella!...
Ma mi par che venga gente...
Non mi voglio far sentir. (si nasconde)

DONN'ANNA (entra tenendo forte pel braccio Don Giovanni, ed egli cercando sempre di celarsi)

Non sperar, se non m'uccidi,
Ch'io ti lasci fuggir mai.

DON GIOVANNI

Donna folle! indarno gridi:
Chi son io tu non saprai.

LEPORELLO (fra sé)

Che tumulto!... Oh, ciel, che gridi
Il padron in nuovi guai!...

DONN'ANNA

Gente!... servi! Al traditore!...

DON GIOVANNI

Taci, e trema al mio furore.

DONN'ANNA

Scellerato!

DON GIOVANNI

Sconsigliata! (fra sé)
Questa furia disperata
Mi vuol far precipitar.

DONN'ANNA

Come furia disperata,
Ti saprò perseguitar.

LEPORELLO (fra sé)

Sta' a veder che il malandrino
Mi farà precipitar.

IL COMMENDATORE

(accorrendo)

Lasciala, indegno!

(Donn'Anna, sentendo il Commendatore, lascia Don Giovanni ed entra in casa)

Battiti meco.

DON GIOVANNI

Va': non mi degno
Di pugnar teco.

IL COMMENDATORE

Così pretendi
Da me fuggir?

LEPORELLO (fra sé)

Potessi almeno
Di qua partir!

DON GIOVANNI

Misero! Attendi,
Se vuoi morir.

(combattono. Don Giovanni ferisce mortalmente il Commendatore)

IL COMMENDATORE

Ah, soccorso!... Son tradito...
L'assassino... m'ha ferito...
E dal seno... palpitante
Sento... l'anima... partir...

morale, un altro degli epiteti più frequenti per Don Giovanni

21. *«sconsigliata»*: significa sconsiderata

23. *«precipitar»*: rovinare

24. *«furia»*: rimanda al mito classico delle Furie che perseguitano i malvagi

26. *«malandrino»*: malfattore

29. *«battiti meco»*: combatti con me

31. *«pugnar teco»*: combattere con te

35. *«partir»*: andar via

38-49: nella partitura si trova l'indicazione «a tre». Si gioca sulle parole 'seno' e 'palpitante - palpitar': al petto ansimante del Commendatore, dal quale assieme al sangue fugge la vita, si contrappone quello di Leporello che trema di emozione e di paura

40. *«seno palpitante»*: petto ansimante

45. *«veggo»*: vedo

SCENA SECONDA

Accanto a Donn'Anna abbattuta dal dolore compare il promesso sposo, Don Ottavio, che si rivela animo nobile ed esemplare, esattamente il contrario del dissoluto, immorale ed infedele Don Giovanni. La coppia rappresenta l'ideale di quella nobiltà di sangue a cui corrisponde la nobiltà dei sentimenti, nel segno del sorridente e amabile spirito del Rococò austriaco.

53. *«chi è morto? voi o il vecchio?»*: la domanda appare sciocca, ma forse rivela lo spirito ironico e critico del servo. Anche la riga 56 '*imprese leggiadre*' e le 59-60 '*ma Donn'Anna cos'ha voluto?*' manifestano questo tratto del carattere di Leporello

57. *«sforzar»*: sedurre con la forza

«in atto di batterlo»:

(qui il Commendatore muore)

DON GIOVANNI (fra sé)
Ah! già cadde il sciagurato...
Affannosa e agonizzante,
Già dal seno palpitante
Veggo l'anima partir.

LEPORELLO (fra sé)
Qual misfatto! qual eccesso!
Entro il sen, dallo spavento,
Palpitar il cor mi sento.
Io non so che far, che dir.

SCENA SECONDA

Don Giovanni e Leporello

DON GIOVANNI (sottovoce)
Leporello, ove sei?

LEPORELLO
Son qui, per disgrazia. E voi?

DON GIOVANNI
Son qui.

LEPORELLO
Chi è morto? voi o il vecchio?

DON GIOVANNI
Che domanda da bestia! Il vecchio.

LEPORELLO
Bravo!
Due imprese leggiadre:
Sforzar la figlia, ed ammazzar il padre.

DON GIOVANNI
L'ha voluto: suo danno.

LEPORELLO
Ma Donn'Anna
Cosa ha voluto?

DON GIOVANNI
Taci,
Non mi seccar! Vien meco, se non vuoi

(in atto di batterlo)

Qualche cosa ancor tu.

LEPORELLO

Non vo' nulla, signor: non parlo più.

(partono)

SCENA TERZA

Don Ottavio, Donn'Anna e servi che portano diversi lumi.

DONN'ANNA (entrando seguita da Don Ottavio: con risolutezza)

Ah! del padre in periglio
In soccorso voliam.

DON OTTAVIO (con ferro ignudo in mano)

Tutto il mio sangue
Verserò, se bisogna:
Ma dov'è il scellerato?

DONN'ANNA

In questo loco... (vede il cadavere)
Ma qual mai s'offre, o Dei,
Spettacolo funesto agli occhi miei!
Il padre!... padre mio!... mio caro [padre!...

DON OTTAVIO

Signore!

DONN'ANNA

Ah! l'assassino
Mel trucidò... Quel sangue...
Quella piaga... quel volto
Tinto e coperto dei color di morte...
Ei non respira più... fredde ha le membra.
Padre mio!... caro padre!... padre [amato!...
Io manco... io moro. (sviene)

DON OTTAVIO

Ah! soccorrete, amici, il mio tesoro.
Cercatemi, recatemi
Qualche odor... qualche spirto... Ah! non [tardate...

facendo il gesto di picchiarlo

64. «*vo'*»: voglio

SCENA TERZA

65. «*periglio*»: pericolo

«*con ferro ignudo*»: con la spada sguainata

72. «*spettacolo funesto*»: vista orrenda, dolorosa

76. «*mel trucidò*»: me lo uccise barbaramente

81. «*io manco*»: mi sento svenire

84. «*qualche odor ... qualche spirto*»: sali ed essenze per far rinvenire

86. *«il duolo estremo»*: l'enorme dolore
93. *«quell'oggetto d'orrore»*: il cadavere che suscita orrore
94. *«fa' core»*: fatti coraggio
95-112: alla disperazione di Donna Anna si contrappone, anche musicalmente, il nobile equilibrio di Don Ottavio che cerca di consolarla
98. *«diè»*: diede
107. *«la rimembranza»*: il ricordo
109. *«hai sposo e padre in me»*: non è la passione o il richiamo dei sensi che unisce i due promessi sposi, ma la reciproca fiducia e stima
114-117. nel duetto si manifesta tutto lo smarrimento dei protagonisti, sconvolti dall'improvvisa tragedia

(partono due servi)
Donn'Anna!... sposa!... amica!...
Il duolo estremo
La meschinella uccide!

DONN'ANNA (rinviene)
Ahi! (i servi ritornano)

DON OTTAVIO
Già rinviene.
Datele nuovi aiuti.

DONN'ANNA
Padre mio!

DON OTTAVIO
Celate, allontanate agli occhi suoi
Quell'oggetto d'orrore.
(il Commendatore vien trasportato)
Anima mia, consòlati... fa' core!

DONN'ANNA
Fuggi, crudele, fuggi!
Lascia che mora anch'io
Ora ch'è morto, oddio!
Chi a me la vita diè.

DON OTTAVIO
Senti, cor mio, deh! senti,
Guardami un solo istante:
Ti parla il caro amante
Che vive sol per te.

DONN'ANNA
Tu sei... Perdon, mio bene...
L'affanno mio... le pene...
Ah! il padre mio dov'è?

DON OTTAVIO
Il padre... Lascia, o cara,
La rimembranza amara:
Hai sposo e padre in me.

DONN'ANNA
Ah! vendicar, se il puoi,
Giura quel sangue ognor.

DON OTTAVIO
Lo giuro! lo giuro!
Lo giuro agli occhi tuoi,

Lo giuro al nostro amor.
DONN'ANNA E DON OTTAVIO
Che giuramento, o Dei!
Che barbaro momento!
Tra cento affetti e cento
Vammi ondeggiando il cor.
(partono)

115. *«barbaro tormento»*: straziante dolore
116. *«affetti»*: sentimenti

SCENA QUARTA

Strada. Alba chiara. Don Giovanni e Leporello

DON GIOVANNI
Orsù, spìcciati presto... Cosa vuoi?
LEPORELLO
L'affar di cui si tratta
È importante.
DON GIOVANNI
Lo credo.
LEPORELLO
È importantissimo.
DON GIOVANNI
Meglio ancora: finiscila.
LEPORELLO
Giurate
Di non andar in collera.
DON GIOVANNI
Lo giuro sul mio onore:
Purché non parli del Commendatore.
LEPORELLO
Siamo soli?
DON GIOVANNI
Lo vedo.
LEPORELLO
Nessun ci sente...
DON GIOVANNI
Via!
LEPORELLO
Vi posso dire

SCENA QUARTA

La scena mette in luce il rapporto tra Leporello e Don Giovanni, basato sulla connivenza nell'inganno, ma anche sulla paura del servo. Leporello ha qualche attimo di ripensamento, se non proprio di rimorso, e cerca di dire il proprio disagio al padrone. Ma questi conserva il suo atteggiamento sarcastico (126-27) e inaffidabile: *così saremo amici*, solo se non verrà alcuna critica o rimprovero. Nella partitura si trova l'indicazione: «recitativo secco», come in quasi tutti i passaggi di questo tipo.

138 *«temerario! In tal guisa»*: spudorato! In questo modo
142. *«odi»*: ascolta
151. *«casino»* (anche *'casinetto'*): in genere piccola costruzione, adatta alla caccia o agli incontri galanti
154. *«cospetto»*: perbacco
158. *«scopriamo terren»*: lasciamo spazio (e stiamo a guardare)

Tutto liberamente...

DON GIOVANNI
Sì!

LEPORELLO
Dunque, quand'è così:
(all'orecchio, ma ad alta voce)
Caro signor padrone,
La vita che menate è da briccone!

DON GIOVANNI
Temerario! In tal guisa...

LEPORELLO
E il giuramento...

DON GIOVANNI
Non so di giuramento... Taci... o ch'io...

LEPORELLO
Non parlo più, non fiato, o padron mio.

DON GIOVANNI
Così saremo amici. Or odi un poco:
Sai tu perché son qui?

LEPORELLO
Non ne so nulla.
Ma, essendo l'alba chiara, non sarebbe
Qualche nuova conquista?
Io lo devo saper per porla in lista.

DON GIOVANNI
Va' là che sei il grand'uom! Sappi ch'io [sono
Innamorato d'una bella dama;
E son certo che m'ama.
La vidi, le parlai; meco al casino
Questa notte verrà... Zitto: mi pare
Sentir odor di femmina...

LEPORELLO
Cospetto! Che odorato perfetto!

DON GIOVANNI
All'aria mi par bella.

LEPORELLO (fra sé)
E che occhio, dico!

DON GIOVANNI
Ritiriamoci un poco,

E scopriamo terren.
LEPORELLO (fra sé)
Già prese fuoco.

SCENA QUINTA

Don Giovanni, Leporello e Donn'Elvira

DONN'ELVIRA (entra, in abito da viaggio)
Ah! chi mi dice mai
Quel barbaro dov'è,
Che per mio scorno amai,
Che mi mancò di fè?
Ah! se ritrovo l'empio,
E a me non torna ancor,
Vo' farne orrendo scempio,
Gli vo' cavar il cor.
DON GIOVANNI (sottovoce a Leporello)
Udisti? Qualche bella
Dal vago abbandonata. Poverina!
Cerchiam di consolare il suo tormento.
LEPORELLO
Così ne consolò mille e ottocento.
DON GIOVANNI
Signorina!
DONN'ELVIRA
Chi è là.
DON GIOVANNI
Stelle! che vedo!
LEPORELLO
Oh, bella! Donn'Elvira!
DONN'ELVIRA
Don Giovanni!
Sei qui, mostro, fellon, nido d'inganni
LEPORELLO (fra sé)
Che titoli cruscanti! Manco male
Che lo conosce bene.
DON GIOVANNI
Via, cara Donn'Elvira,

SCENA QUINTA

Nell'aria iniziale («allegro») donna Elvira manifesta la disperazione per il tradimento di Don Giovanni; l'aria conclusiva è quella del 'catalogo'(«allegro andante con moto»), una delle più famose dell'opera, L'attività amatoria di Don Giovanni sembra quasi una mania o una sfida ai benpensanti; «ne fa conquista pel piacer di porle in lista»; Don Giovanni non ama le sue 'vittime': vuol solo dimostrare la sua abilità di seduttore.

162. *«per mio scorno»*: a mia vergogna
163. *«fè»*: fede
164-67: se ritrovo il malvagio e non torna da me, voglio strappargli il cuore
169. *«vago»*: innamorato
177. *«fellon»*: vile e malvagio
178. *«titoli cruscanti»*: epiteti feroci. "Cruscante" indica chi appartiene

all'Accademia della Crusca, che vigila sulla purezza della lingua italiana. Leporello sottolinea la precisione delle definizioni.

178-79: gioco di parole '*meno male* che lo conosce *bene*'

184. «*nera*»: malvagia.

185. «*furtivamente*»: con l'inganno

189-90: non rispettando il sacro vincolo del matrimonio, sancito in terra e nel cielo

195: soffrendo forse per troppo amore

196. L'espressione «*pare un libro stampato*», con cui Leporello commenta lo sfogo di Donna Elvira, sottolinea ancor oggi il senso di rispetto intimorito dell'uomo semplice di fronte al libro, come a cosa che solo pochi capiscono

209-10: «*mi pone a cimento*»: mi sfida

Calmate quella collera... sentite..
Lasciatemi parlar...

DONN'ELVIRA

Cosa puoi dire,
Dopo azion sì nera? In casa mia
Entri furtivamente. A forza d'arte,
Di giuramenti e di lusinghe, arrivi
A sedurre il cor mio:
M'innamori, o crudele,
Mi dichiari tua sposa. E poi, mancando
Della terra e del cielo al santo dritto,
Con enorme delitto
Dopo tre dì da Burgos t'allontani,
M'abbandoni, mi fuggi, e lasci in preda
Al rimorso ed al pianto,
Per pena forse. che t'amai cotanto.

LEPORELLO (fra sé)

Pare un libro stampato.

DON GIOVANNI

Oh, in quanto a questo
Ebbi le mie ragioni.
(a Leporello)
È vero?

LEPORELLO

È vero. (ironicamente)
E che ragioni forti!...

DONN'ELVIRA

E quali sono,
Se non la tua perfidia,
La leggerezza tua?
Ma il giusto cielo
Volle ch'io ti trovassi
Per far le sue, le mie vendette.

DON GIOVANNI

Eh, via, Siate più ragionevole... (fra sé)
Mi pone
A cimento, costei. (a Donn'Elvira)
Se non credete
Al labbro mio, credete
A questo galantuomo.

LEPORELLO (fra sé)
Salvo il vero.
DON GIOVANNI (a Leporello)
Via, dille un poco...
LEPORELLO
(sottovoce a Don Giovanni)
E cosa devo dirle?
DON GIOVANNI
(ad alta voce, partendo senza esser visto)
Sì, sì, dille pur tutto.
DONN'ELVIRA (a Leporello)
Ebben, fa' presto.
LEPORELLO
Madama... veramente... in questo mondo
Conciossiacosaquandofosseché
Il quadro non è tondo...
DONN'ELVIRA
Sciagurato!
Così del mio dolor gioco ti prendi?
(verso Don Giovanni che non crede partito)
Ah, voi... (non vedendolo)
Stelle! L'iniquo
Fuggì, misera me!... Dove? in qual parte...
LEPORELLO
Eh! lasciate che vada. Egli non merta
Che di lui ci pensiate...
DONN'ELVIRA
Il scellerato
M'ingannò, mi tradì...
LEPORELLO
Eh! consolatevi:
Non siete voi, non foste e non sarete
Né la prima né l'ultima. Guardate
Questo non picciol libro: è tutto pieno
Dei nomi di sue belle.
Ogni villa, ogni borgo, ogni paese
È testimon di sue donnesche imprese.
Madamina, il catalogo è questo
Delle belle che amò il padron mio;
Un catalogo egli è che ho fatt'io:

214. sempre ironico il commento di Leporello.
220-21: la lunghissima parola è un'invenzione di Leporello per prendere tempo, dal momento che non sa cosa rispondere. Anche l'affermazione del tutto ovvia serve a questo scopo
225. «*iniquo*»: malvagio
227. «*merta*»: merita
236. «*villa*»: città
238 ss.: con l'aria del catalogo Leporello cerca a suo modo di consolare Donn'Elvira con il principio 'mal comune mezzo gaudio', cioè: se tutti stanno male, si soffre meno

243. *«Lamagna»*: dal francese Allemagne = Germania
246. *«v'han»*: ci sono
250. *«d'ogni grado»*: di ogni condizione sociale
255. *«bianca»*: dai capelli bianchi
259. *«vezzosa»*: graziosa e aggraziata
262-63. il massimo interesse lo prova per la fanciulla inesperta
264. *«non si picca*: non dà importanza

Osservate, leggete con me.
In Italia seicento e quaranta,
In Lamagna duecento e trentuna,
Cento in Francia, in Turchia novantuna.
Ma in Ispagna son già mille e tre.
V'han fra queste contadine,
Cameriere, cittadine,
V'han contesse, baronesse,
Marchesane, principesse,
E v'han donne d'ogni grado,
D'ogni forma, d'ogni età.
Nella bionda egli ha l'usanza
Di lodar la gentilezza;
Nella bruna, la costanza;
Nella bianca, la dolcezza.
Vuol d'inverno la grassotta,
Vuol d'estate la magrotta;
È la grande maestosa,
La piccina è ognor vezzosa.
Delle vecchie fa conquista
Pel piacer di porle in lista:
Ma passion predominante
È la giovin principiante.
Non si picca se sia ricca,
Se sia brutta, se sia bella
Purché porti la gonnella
Voi sapete quel che fa.
(parte)

SCENA SESTA

L'amore di donna Elvira si è trsformato in desiderio di vendetta.

SCENA SESTA

Donn'Elvira sola

DONN'ELVIRA
In questa forma, dunque,
Mi tradì il scellerato? È questo il premio
Che quel barbaro rende all'amor mio?
Ah, vendicar vogl'io

L'ingannato mio cor: pria ch'ei mi fugga...
Si ricorra... si vada... Io sento in petto
Sol vendetta parlar, rabbia e dispetto.

(parte)

SCENA SETTIMA

Paese contiguo al palazzo di Don Giovanni
Zerlina, Masetto, contadini e contadine

ZERLINA

Giovinette che fate all'amore,
Non lasciate che passi l'età:
Se nel seno vi bulica il core,
Il rimedio vedetelo qua.
Ah, ah, ah; ah, ah, ah!
Che piacer, che piacer che sarà!

CORO DI CONTADINE

Ah, ah, ah; ah, ah, ah!
Che piacer, che piacer che sarà!
La la la lera, la la la lera.

MASETTO

Giovinotti leggeri di testa,
Non andate girando di qua e là;
Poco dura de' matti la festa,
Ma per me cominciato non ha.
Ah, ah, ah; ah, ah, ah!
Che piacer, che piacer che sarà!

CORO DI CONTADINI

Ah, ah, ah; ah, ah, ah!
Che piacer, che piacer che sarà!
La la la lera, la la la lera.

ZERLINA, MASETTO

Vieni, vieni, carino/a godiamo,
E cantiamo e balliamo e suoniamo;
Vieni, vieni, carino/a godiamo,
Che piacer, che piacer che sarà!
Ah, ah, ah; ah, ah, ah!
Che piacer, che piacer che sarà!

273. «*si ricorra*»: lo si insegua. L'uso della forma impersonale indica quasi la volontà del destino

SCENA SETTIMA

Musicalmente c'è una netta differenza, uno scarto, fra le due scene: un coro di gioia per festggiare delle nozze segue il «recitativo secco», pieno di dolore, di Donna Elvira, sposa abbandonata.

275. *che fate all'amore*»: che siete innamorate
277. «*bulica*»: trema, si muove dentro
284. «*leggeri di testa*»: con pochi pensieri
286: è breve la festa degli spensierati

CONTADINE E CONTADINI

Ah, ah, ah! ah, ah, ah!
Che piacer, che piacer che sarà!
La la la lera, la la la la lera,
La la la la la la la la la lera!

SCENA OTTAVA

Zerlina, Masetto, contadini, contadine, Don Giovanni e Leporello

DON GIOVANNI (entrando, fra sé)

Manco male, è partita. (da parte, a Leporello)
Oh, guarda, guarda
Che bella gioventù, che belle donne!

LEPORELLO (fra sé)

Tra tante, per mia fè,
Vi sarà qualche cosa anche per me.

DON GIOVANNI

Cari amici, buongiorno. Seguitate
A stare allegramente,
Seguitate a suonar, o buona gente.
C'è qualche sposalizio?

ZERLINA

Sì, signore;
E la sposa son io.

DON GIOVANNI

Me ne consolo.
Lo sposo?

MASETTO

Io, per servirla.

DON GIOVANNI

Oh, bravo! per servirmi: questo è vero
Parlar da galantuomo!

LEPORELLO (fra sé)

Basta che sia marito!

ZERLINA

Oh! il mio Masetto
È un uom d'ottimo core.

SCENA OTTAVA

Quasi per dimostrare che Don Giovanni non fa distinzioni sociali nelle sue conquiste, ma anche per sottolineare il suo piacere nell'appropriarsi di ciò che non gli appartiene, la scena, un «recitativo secco» (303-362) seguito dall'aria di Masetto, introduce l'elemento 'sano', ingenuo del mondo contadino, visto con una certa simpatia.

306. *«per mia fê»*: in fede mia
314. *«me ne consolo»*: ne ho piacere
316-17: le parole di Don Giovanni rivelano la sua natura autoritaria, sfrontata e sarcastica

DON GIOVANNI
Oh, anch'io, vedete!
Voglio che siamo amici. Il vostro nome?
ZERLINA
Zerlina.
DON GIOVANNI
E il tuo?
MASETTO
Masetto.
DON GIOVANNI
Oh, caro il mio Masetto!
Cara la mia Zerlina. V'esibisco
La mia protezione.
(a Leporello che fa scherzi alle altre contadine)
Leporello! Cosa fai lì, birbone?
LEPORELLO
Anch'io, caro padrone,
Esibisco la mia protezione.
DON GIOVANNI
Presto, va' con costor: nel mio palazzo
Conducili sul fatto. Ordina ch'abbiano
Cioccolatte, caffè, vini, presciutti.
Cerca divertir tutti:
Mostra loro il giardino,
La galleria, le camere; in effetto,
Fa' che resti contento il mio Masetto.
Hai capito?
LEPORELLO
Ho capito. (ai contadini)
Andiam.
MASETTO (a Don Giovanni)
Signore...
DON GIOVANNI
Cosa c'è?
MASETTO
La Zerlina
Senza me non può star.
LEPORELLO
In vostro loco
Ci sarà sua Eccellenza, e saprà bene

323: a Zerlina Don Giovanni si rivolge con il 'voi', segno di un certo riguardo, mentre per Masetto usa il tu, come per un servo
328. «*v'esibisco*»: vi mostro, vi offro
331-32: c'è sempre un tratto buffonesco nel servo che imita il padrone: e non manca nemmeno il doppio senso
334. «*sul fatto*»: subito
339-61: accontenta Masetto, soprattutto per distrarlo. Le parole di Don Giovanni sono sempre ambigue al pari di quelle di Leporello (347-49). Zerlina sembra fidarsi di Don Giovanni perché è un 'cavaliere' e quindi non c'è da dubitare della sua onestà

362 ss.: al povero Masetto, deriso e minacciato, non resta che chinare la testa, ma le sue parole sono amaramente ironiche nei confronti degli abusi da parte della nobiltà. L'aria è un «allegro molto»
365. *«altre repliche non fo»*: non faccio altre obiezioni
367. *«affè»*: in fede mia

Fare le vostre parti.

DON GIOVANNI

Oh! la Zerlina
È in man d'un cavalier. Va' pur: fra poco
Ella meco verrà.

ZERLINA

Va', non temere:
Nelle mani son io d'un cavaliere.

MASETTO

E per questo?

ZERLINA

E per questo
Non c'è da dubitar...

MASETTO

Ed io, cospetto...

DON GIOVANNI

Olà, finiam le dispute: se subito,
Senz'altro replicar, non te ne vai
(mostrandogli la spada)
Masetto, guarda ben, ti pentirai.

MASETTO

Ho capito, signorsì!
Chino il capo e me ne vo:
Giacché piace a voi così,
Altre repliche non fo.
Cavalier voi siete già
Dubitar non posso, affè:
Me lo dice la bontà
Che volete aver per me. (sottovoce a Zerlina)
Bricconaccia, malandrina,
Fosti ognor la mia ruina.
(a Leporello che lo vuol condur seco)
Vengo, vengo! (a Zerlina)
Resta, resta!
È una cosa molto onesta:
Faccia il nostro cavaliere
Cavaliera ancora te.

(Leporello parte con Masetto e con gli altri contadini)

SCENA NONA

Don Giovanni e Zerlina

DON GIOVANNI
Alfin siamo liberati,
Zerlinetta gentil, da quel scioccone.
Che ne dite, mio ben, so far pulito?
ZERLINA
Signore, è mio marito...
DON GIOVANNI
Chi! colui?
Vi par che un onest'uomo,
Un nobil cavalier, qual io mi vanto,
Possa soffrir che quel visetto d'oro,
Quel viso inzuccherato,
Da un bifolcaccio vil sia strapazzato?
ZERLINA
Ma, signor, io gli diedi
Parola di sposarlo.
DON GIOVANNI
Tal parola
Non vale un zero. Voi non siete fatta
Per esser paesana: un'altra sorte
Vi procuran quegli occhi bricconcelli,
Quei labbretti sì belli,
Quelle ditucce candide e odorose...
Parmi toccar giuncata e fiutar rose.
ZERLINA
Ah... non vorrei...
DON GIOVANNI
Che non vorreste?
ZERLINA
Al fine
Ingannata restar. Io so che rado
Colle donne voi altri cavalieri
Siete onesti e sinceri.
DON GIOVANNI
Eh, un'impostura
Della gente plebea! La nobiltà

SCENA NONA

La scena contiene uno dei duetti più famosi, la seduzione di Don Giovanni e l'incertezza di Zerlina, attratta dal 'cavaliere' ma non del tutto fiduciosa. Al suo ingenuo sentimento si contrappone la sfrontatezza di Don Giovanni (403-4) che mira solo al piacere sensuale, usando in questo senso il verbo 'sposare' (406).

379. «*so far pulito?*»: sono stato bravo?
386. «*bifolcaccio vil*»: rozzo contadino
392. «*bricconcelli*»: vivaci, spiritosi. Quale «altra sorte» essi possono procurare a Zerlina è facilmente immaginabile!
395. «*giuncata*»: latte molto denso non salato, messo a scolare in piccoli cesti di vimini (giunchi); qui indica qualcosa di tenero e delicato
399. «*rado*»: raramente
402. «*impostura*»: menzogna

411-27: nella partitura si trova l'indicazione «duettino», il tempo è un «andante»
418. *«burlarmi»*: prendersi gioco
«c.s.»: come sopra
421. *«cangerò»*: cambierò

Ha dipinta negli occhi l'onestà.
Orsù, non perdiam tempo: in questo istante
Io vi voglio sposar.

ZERLINA
Voi!

DON GIOVANNI
Certo, io.
Quel casinetto è mio: soli saremo,
E là, gioiello mio, ci sposeremo.
Là ci darem la mano,
Là mi dirai di si.
Vedi, non è lontano:
Partiam, ben mio, di qui.

ZERLINA (fra sé)
Vorrei, e non vorrei...
Mi trema un poco il cor...
Felice, è ver, sarei;
Ma può burlarmi ancor.

DON GIOVANNI
Vieni, mio bel diletto!

ZERLINA (c. s.)
Mi fa pietà Masetto.

DON GIOVANNI
Io cangerò tua sorte.

ZERLINA (c. s.)
Presto non son più forte.

DON GIOVANNI
Andiam, andiam!

ZERLINA
Andiam!

ZERLINA E DON GIOVANNI
Andiam, andiam, mio bene,
A ristorar le pene
D'un innocente amor!

(vanno verso il casino di Don Giovanni, abbracciati)

SCENA DECIMA

Don Giovanni, Zerlina e Donn'Elvira

DONN'ELVIRA
(entrando: ferma con atti disperatissimi Don Giovanni)
Férmati, scellerato! Il ciel mi fece
Udir le tue perfidie.
Io sono a tempo
Di salvar questa misera innocente
Dal tuo barbaro artiglio.

ZERLINA
Meschina! Cosa sento!

DON GIOVANNI (fra sé)
Amor, consiglio!
(sottovoce a Donn'Elvira)
Idol mio, non vedete
Ch'io voglio divertirmi?

DONN'ELVIRA (ad alta voce)
Divertirti,
È vero! divertirti...
Io so, crudele,
Come tu ti diverti.

ZERLINA
Ma, signor cavaliere,
È ver quel ch'ella dice?

DON GIOVANNI (sottovoce a Zerlina)
La povera infelice
È di me innamorata,
E per pietà deggio fingere amore,
Ch'io son, per mia disgrazia, uom di buon [core.

DONN'ELVIRA (a Zerlina)
Ah, fuggi il traditor,
Non lo lasciar più dir:
Il labbro è mentitor.
Fallace il ciglio.
Da' miei tormenti impara
A creder a quel cor,

SCENA DECIMA

La scena inizia con un «recitativo secco» e si conclude con un'«aria» (447 ss.) con il tempo «allegro». L'arrivo di Donna Elvira rappresenta la salvezza per Zerlina, ma è anche la sfortuna di Don Giovanni.

434. *«consiglio»*: prudenza
445. *«deggio»*: devo
446. *«ch'io son»*: poiché sono
450. *«fallace il ciglio»*: occhi bugiardi

E nasca il tuo timor
Dal mio periglio.
(parte, conducendo seco Zerlina)

SCENA UNDICESIMA

Don Giovanni; poi Donn'Anna e Don Ottavio

DON GIOVANNI
Mi par ch'oggi il demonio si diverta
D'opporsi a' miei piacevoli progressi:
Vanno mal tutti quanti.
DON OTTAVIO (a Donn'Anna, insieme con la quale entra)
Ah! ch'ora, idolo mio, son vani i pianti:
Di vendetta si parli... Oh, Don Giovanni!
DON GIOVANNI (fra sé)
Mancava questo, inver!
DONN'ANNA (a Don Giovanni)
Amico. A tempo
Vi ritroviam: avete core, avete
Anima generosa?
DON GIOVANNI (fra sé)
Sta' a vedere
Che il diavolo le ha detto qualche cosa.
(a Donn'Anna)
Che domanda! Perché?
DONN'ANNA
Bisogno abbiamo
Della vostra amicizia.
DON GIOVANNI (fra sé)
Mi torna il fiato in corpo.
(a Donn'Anna, con molto fuoco)
Comandate:
I congiunti, i parenti,
Questa man, questo ferro, i beni, il sangue
Spenderò per servirvi.
Ma voi, bella Donn'Anna,
Perché così piangete?
Il crudele chi fu che osò la calma
Turbar del viver vostro...

453-54: vedendo la mia tragedia, temi anche tu Don Giovanni

SCENA UNDICESIMA

Tutto sembra andare storto, pensa amaramente Don Giovanni; sembra che i suoi inganni non siano più così efficaci. Ma non è ancora il momento per la punizione divina.

458. «*son vani i pianti*»: non serve piangere
461. «*a tempo*»: nel momento giusto
462. «*core*»: coraggio

SCENA DODICESIMA

Don Giovanni, Donn'Anna, Don Ottavio e Donn'Elvira

DONN'ELVIRA (entrando, a Don Giovanni)
Ah, ti ritrovo ancor, perfido mostro!
(a Donn'Anna)
Non ti fidar, o misera,
Di quel ribaldo cor.
Me già tradì, quel barbaro:
Te vuol tradir ancor.

DONN'ANNA E DON OTTAVIO (fra sé)
Cieli, che aspetto nobile!
Che dolce maestà!
Il suo dolor, le lagrime,
M'empiono di pietà.

DON GIOVANNI
La povera ragazza
È pazza, amici miei:
Lasciatemi con lei,
Forse si calmerà.

DONN'ELVIRA (a Donn'Anna e Don Ottavio)
Ah, non credete al perfido!

DON GIOVANNI
È pazza, non badate...

DONN'ELVIRA (c. s.)
Restate, o Dei, restate...

DONN'ANNA E DON OTTAVIO
A chi si crederà?

DONN'ANNA, DON OTTAVIO E DON GIOVANNI (fra sé)
Certo moto d'ignoto tormento
Dentro l'alma girare mi sento,
Che mi dice per quella infelice
Cento cose che intender non sa.

DONN'ELVIRA
Sdegno, rabbia, dispetto, spavento
Dentro l'alma girare mi sento,
Che mi dice di quel traditore
Cento cose che intender non sa.

SCENA DODICESIMA

Sia le parole che la musica del quartetto (479-529), un «andante», esprimono anche musicalmente la diversità dei sentimenti dei personaggi. Resta inalterata l'arroganza di Don Giovanni nel mentire. Ma Donna Anna e Don Ottavio si accorgono da vari segni della insincerità di Don Giovanni. La sua fortuna comincia veramente a cambiare. I versi 495-502 vanno eseguiti «a quattro».

480. *«ribaldo cor»*: cuore malvagio, cattivo

495. *«certo moto...»*: un turbamento interiore per un sentimento doloroso

DON OTTAVIO (fra sé)
Io di qua non vado via,
Se non so com'è l'affar.
DONN'ANNA (fra sé)
Non ha l'aria di pazzia
Il suo tratto, il suo parlar.
DON GIOVANNI (fra sé)
Se men vado, si potria
Qualche cosa sospettar.
DONN'ELVIRA
Da quel ceffo si dovria
La ner'alma giudicar.
DON OTTAVIO (a Don Giovanni)
Dunque, quella...
DON GIOVANNI
È pazzarella.
DONN'ANNA (a Donn'Elvira)
Dunque, quegli...
DONN'ELVIRA
È un traditore.
DON GIOVANNI
Infelice!
DONN'ELVIRA
Mentitore!
DONN'ANNA E DON OTTAVIO
Incomincio a dubitar.
DON GIOVANNI (sottovoce a Donn'Elvira)
Zitto, zitto! ché la gente
Si raduna a noi d'intorno.
Siate un poco più prudente:
Vi farete criticar.
DONN'ELVIRA (ad alta voce a Don Giovanni)
Non sperarlo, o scellerato:
Ho perduto la prudenza.
Le tue colpe ed il mio stato
Voglio a tutti palesar.
DONN'ANNA E DON OTTAVIO
(a parte, guardando Don Giovanni)
Quegli accenti sì sommessi,
Quel cangiarsi di colore,

504. *«com'è l'affar»*: come stanno le cose
506. *«tratto»*: comportamento
509-10: la sua brutta faccia dovrebbe far capire quanto sia indegno
524-25. *«il mio stato»*: si potrebbe pensare che Donna Elvira aspetti un figlio
526-29: l'indicazione nella partitura è: «a quattro, insieme a Don Giovanni e Donn'Elvira che ripetono i loro versi»
532. *«faccia un precipizio»*: faccia una sciocchezza

Son indizi troppo espressi .,
Che mi fan determinar.
(Donn'Elvira parte)

DON GIOVANNI
Povera sventurata! I passi suoi.
Voglio seguir: non voglio
Che faccia un precipizio.
Perdonate, bellissima Donn'Anna:
Se servirvi poss'io,
In mia casa v'aspetto, Amici, addio! (parte)

SCENA TREDICESIMA

Donn'Anna e Don Ottavio

DONN'ANNA
Don Ottavio... son morta!

DON OTTAVIO
Cosa è stato?

DONN'ANNA
Per pietà, soccorretemi!

DON OTTAVIO
Mio bene,
Fate coraggio!

DONN'ANNA
Oh, Dei! Quegli è il carnefice
Del padre mio...

DON OTTAVIO
Che dite!

DONN'ANNA
Non dubitate più: gli ultimi accenti
Che l'empio proferì tutta la voce
Richiamar nel cor mio di quell'indegno
Che nel mio appartamento...

DON OTTAVIO
Oh, ciel! Possibile
Che sotto il sacro manto d'amicizia...
Ma come fu, narratemi,
Lo strano avvenimento.

SCENA TREDICESIMA

Donna Anna riconosce con orrore in Don Giovanni il suo assalitore e l'uccisore del padre. Il tono di tutta la scena è altamente drammatico, come dimostra anche l'invocazione '*Stelle*' (561) tipica della tragedia, che chiana a testimone il cielo. I sentimenti di Don Ottavio sono da un lato il timore di ciò che può essere successo alla sua sposa e, dall'altro, lo sdegno per il tradimento del sacro vincolo dell'amicizia, un vero e proprio delitto.

536-84: si tratta di un «recitativo drammatico» e alterna l'«andante» con l'«allegro assai» per sottolineare il succedersi di vari momenti di tensione

545. *«proferì»*: pronunciò

558. *«avea preso per voi»*: avevo creduto che foste voi
562. *«s'appressa»*: si avvicina
566. *«d'impedir la voce»*: impedire di gridare
572. *«accrebbe la lena»*: fece crescere la forza
577. *«stridi»*: grida
580-81. *«sono assalitrice da assalita»*: da vittima dell'aggressione divento assalitrice

DONN'ANNA

Era già alquanto
Avanzata la notte,
Quando nelle mie stanze, ove soletta
Mi trovai per sventura, entrar io vidi
In un mantello avvolto
Un uom che al primo istante
Avea preso per voi:
Ma riconobbi poi
Che un inganno era il mio...

DON OTTAVIO (con affannno)

Stelle!... Seguite.

DONN'ANNA

Tacito a me s'appressa,
E mi vuole abbracciar; sciogliermi cerco,
Ei più mi stringe; io grido:
Non viene alcun. Con una man cerca
D'impedire la voce,
E coll'altra m'afferra
Stretta così, che già mi credo vinta.

DON OTTAVIO

Perfido!... E alfin?

DONN'ANNA

Alfin il duol, l'orrore
Dell'infame attentato
Accrebbe sì la lena mia, che, a forza
Di svincolarmi, torcermi e piegarmi,
Da lui mi sciolsi.

DON OTTAVIO

Ohimè! respiro.

DONN'ANNA

Allora
Rinforzo i stridi miei,
chiamo soccorso:
Fugge il fellon. Arditamente il seguo
Fin nella strada per fermarlo, e sono
Assalitrice d'assalita! Il padre
V'accorre, vuol conoscerlo; e l'indegno,
Che del povero vecchio era più forte,
Compie il misfatto suo col dargli morte.

Or sai chi l'onore
Rapire a me volse,
Chi fu il traditore,
Che il padre mi tolse.
Vendetta ti chieggio;
La chiede il tuo cor.
Rammenta la piaga
Del misero seno,
Rimira di sangue
Coperto il terreno,
Se l'ira in te langue
D'un giusto furor. (parte)

585 ss.: la scena si conclude con un'«aria» (andante)
586. *«volse»*: volle
591-96: se la tua indignazione non è abbastanza forte, ricordati dell'orribile ferita nel petto di mio padre e del sangue che ne usciva

SCENA QUATTORDICESIMA

Don Ottavio solo

DON OTTAVIO
Come mai creder deggio
Di sì nero delitto
Capace un cavaliero!
Ah, di scoprire il vero
Ogni mezzo si cerchi! Io sento in petto
E di sposo e d'amico
Il dover che mi parla:
Disingannarla voglio, o vendicarla.
Dalla sua pace
La mia dipende,
Quel che a lei piace
Vita mi rende,
Quel che le incresce
Morte mi dà.
S'ella sospira,
Sospiro anch'io;
È mia quell'ira,
Quel pianto è mio;
E non ho bene,
S'ella non l'ha. (parte)

SCENA QUATTORDICESIMA

L'aria di Don Ottavio è molto raffinata e corrisponde alla personalità di questo innamorato, nel quale non sentiamo passione amorosa ma nobili sentimenti.

597. *«come mai»*: ma come è possibile
605 ss.: l'aria di Don Ottavio è un «andantino sostenuto»
609. *«incresce»*: addolora

SCENA QUINDICESIMA

Il dialogo tra servo e padrone (617-64, un «recitativo secco») serve a narrare i fatti accaduti fuori scena, ma anche a contrapporre nuovamente i due caratteri. Leporello mescola al sarcasmo verso Don Giovanni un po' di compassione e di umanità.

617. *«ad ogni patto»*: ad ogni costo
617-20: Leporello ha un altro momento di sconcerto, cerca di prendere le distanze da Don Giovanni
630: chiaro il tono sarcastico di Leporello
635. *«per trargli dal pensier»*: per fargli dimenticare

SCENA QUINDICESIMA

Leporello solo; poi Don Giovanni

LEPORELLO (entrando)
Io deggio ad ogni patto
Per sempre abbandonar questo bel matto...
(entra Don Giovanni)
Eccolo qui: guardate
Con qual indifferenza se ne viene!

DON GIOVANNI
Oh, Leporello mio, va tutto bene!

LEPORELLO
Don Giovannino mio, va tutto male!

DON GIOVANNI
Come, va tutto male?

LEPORELLO
Vado a casa,
Come voi m'ordinaste,
Con tutta quella gente.

DON GIOVANNI
Bravo!

LEPORELLO
A forza
Di chiacchiere, di vezzi e di bugie,
Ch'ho imparato sì bene a star con voi,
Cerco d'intrattenerli...

DON GIOVANNI
Bravo!

LEPORELLO
Dico
Mille cose a Masetto per placarlo,
Per trargli dal pensier la gelosia...

DON GIOVANNI
Bravo, in coscienza mia!

LEPORELLO
Faccio che bevano
E gli uomini e le donne.
Son già mezzo ubbriachi:
Altri canta, altri scherza,

Altri séguita a ber... In sul più bello,
Chi credete che càpiti?

DON GIOVANNI
Zerlina.

LEPORELLO
Bravo! E con lei chi venne?

DON GIOVANNI
Donn'Elvira.

LEPORELLO
Bravo! E disse di voi...

DON GIOVANNI
Tutto quel mal che in bocca le venia.

LEPORELLO
Bravo, in coscienza mia!

DON GIOVANNI
E tu cosa facesti?

LEPORELLO
Tacqui.

DON GIOVANNI
Ed ella?

LEPORELLO
Seguì a gridar.

DON GIOVANNI
E tu?

LEPORELLO
Quando mi parve
Che già fosse sfogata, dolcemente
Fuor dell'orto la trassi, e con bell'arte,
Chiusa la porta a chiave,
Io mi cavai,
E sulla via soletta la lasciai.

DON GIOVANNI
Bravo! bravo! arcibravo!
L'affar non può andar meglio.
[Incominciasti,
Io saprò terminar: troppo mi premono
Queste contadinotte;
Le voglio divertir finché vien notte.
Fin ch'han dal vino
Calda la testa,

656. «*la trassi*»: la feci uscire
660: non cambia la disinvolta indifferenza di Don Giovanni di fronte a qualunque sentimento, compreso l'amore
664. Don Giovanni 'si sacrifica' per il bene degli altri, o meglio delle altre
665 ss.: l'aria è un «presto»; la musica molto vivace evoca il ritmo della danza, della festa popolare

Una gran festa
Fa' preparar.
Se trovi in piazza
Qualche ragazza,
Teco ancor quella
Cerca menar.
Senza alcun ordine
La danza sia:
Chi 'l minuetto,
Chi la follia,
Chi l'alemanna
Farai ballar.
Ed io frattanto,
Dall'altro canto,
Con questa e quella
Vo' amoreggiar.
Ah! la mia lista
Doman mattina
D'una decina
Devi aumentar.
(partono)

676. *«follia»*: danza cinquecentesca di origine spagnola, in movimento moderato e in misura di 3/4 (lo stesso tempo del valzer)

677. *«alemanna»*: di solito «allemanda», è danza popolare germanica del Settecento in misura dispari e di movimento allegro vivace, considerata quale precedente storico del valzer

SCENA SEDICESIMA

Zerlina cerca di riconquistare il suo Masetto: prima si difende, poi invita Masetto a picchiarla, se questo gli fa piacere, purché alla fine faccia la pace.

SCENA SEDICESIMA

Giardino di Don Giovanni; nel fondo il palazzo illuminato; due padiglioni ai lati.
(Contadini e contadine dormono o siedono sopra sofà d'erbe.)

ZERLINA
Masetto... senti un po'... Masetto, dico...

MASETTO
Non mi toccar.

ZERLINA
Perché?

MASETTO
Perché, mi chiedi?
Perfida! Il tatto sopportar dovrei

692. *«tatto»*: contatto

D'una man infedele?

ZERLINA

Ah, no, taci, crudele!
Io non merto da te tal trattamento.

MASETTO

Come? Ed hai l'ardimento di scusarti?
Star sola con un uom! abbandonarmi
Il dì delle mie nozze! porre in fronte
A un villano d'onore
Questa marca d'infamia! Ah, se non fosse,
Se non fosse lo scandalo, vorrei...

ZERLINA

Ma se colpa io non ho! ma se da lui
Ingannata rimasi! E poi, che temi?
Tranquìllati, mia vita
Non mi toccò la punta delle dita.
Non me lo credi? Ingrato!
Vien qui, sfògati, ammazzami, fa' tutto
Di me quel che ti piace:
Ma poi, Masetto mio, ma poi fa' pace.
Batti, batti, o bel Masetto,
La tua povera Zerlina:
Starò qui come agnellina
Le tue bòtte ad aspettar.
Lascerò straziarmi il crine,
Lascerò cavarmi gli occhi;
E le care tue manine
Lieta poi saprò baciar.
Ah, lo vedo, non hai core!
Pace, pace, o vita mia!
In contento ed allegria
Notte e dì vogliam passar.

MASETTO (fra sé)

Guarda un po' come seppe
Questa strega sedurmi! Siamo pure
I deboli di testa!

DON GIOVANNI (di dentro)

Sia preparato tutto a una gran festa.

ZERLINA

Ah, Masetto, Masetto, odi la voce

699-701: allusione alle corna, simbolo del tradimento coniugale. L'espressione «*villan d'onore*» può far sorridere, ma sottolinea anche l'orgoglio di Masetto, fiero del suo essere contadino

710. «*batti*»: picchia pure. L'aria (710-21) è un «andante grazioso», tempo che sottolinea l'arte con cui Zerlina consola Masetto

714. «*straziarmi il crine*»: strapparmi i capelli

722-24: ironica constatazione che le donne alla fine vincono sempre sugli uomini, che sono deboli per natura

727. *«monsù»*: pronuncia popolare del francese 'monsieur', cioè: signore
732. Un posto dove ripararsi
741. *«cheto»*: silenzioso
751. *«precipitar»*: rovinarsi
758 ss. Si tratta di un «finale», il tempo è «allegro assai»

Del monsù cavaliero!

MASETTO
Ebben, che c'è?

ZERLINA
Verrà.

MASETTO
Lascia che venga.

ZERLINA
Ah! se vi fosse
Un buco da fuggir!

MASETTO
Di cosa temi?
Perché diventi pallida?... Ah! capisco,
Capisco, bricconcella:
Hai timor ch'io comprenda
Com'è tra voi passata la faccenda.
Presto presto... pria ch'ei venga,
Por mi vo' da qualche lato...
C'è una nicchia... qui celato
Cheto, cheto mi vo' star.

ZERLINA
Senti... senti... dove vai?
Ah, non t'asconder, o Masetto!
Se ti trova, poveretto,
Tu non sai quel che può far.

MASETTO
Faccia, dica quel che vuole.

ZERLINA (fra sé)
Ah, non giovan le parole...

MASETTO
Parla forte, e qui t'arresta.

ZERLINA (c. s.)
Che capriccio ha nella testa!
Quell'ingrato, quel crudele
Oggi vuol precipitar.

MASETTO (fra sé)
Capirò se m'è fedele,
E in qual modo andò l'affar.
(entra in un padiglione)

SCENA DICIASSETTESIMA

Zerlina, Don Giovanni, servitori, contadini e contadine

DON GIOVANNI (ai contadini)
Su, svegliatevi, da bravi!
Su, coraggio, o buona gente:
Vogliam stare allegramente,
Vogliam ridere e scherzar. (ai servi)
Alla stanza della danza
Conducete tutti quanti,
Ed a tutti in abbondanza
Gran rinfreschi fate dar.

CORO DI SERVI
Su, svegliatevi, da bravi!
Su, coraggio, o buona gente:
Vogliam stare allegramente,
Vogliam ridere e scherzar.

(partono i servi e i contadini)

SCENA DICIASSETTESIMA

761. «*rinfreschi*»: cibi e bevande
762 ss.: il coro è di sole voci maschili, tenori e bassi

SCENA DICIOTTESIMA

Zerlina, Don Giovanni; Masetto nel padiglione

ZERLINA (fra sé)
Tra quest'arbori celata
Si può dar che non mi veda.
(vuol nascondersi)

DON GIOVANNI
Zerlinetta mia garbata,
T'ho già visto, non scappar. (la prende)

ZERLINA
Ah! lasciatemi andar via...

DON GIOVANNI
No, no; resta, gioia mia!

ZERLINA
Se pietade avete in core...

DON GIOVANNI
Sì, ben mio, son tutto amore...

SCENA DICIOTTESIMA

La didascalia «*un poco confuso*» (relativa al verso 780) ci mostra per la prima volta un attimo di smarrimento di Don Giovanni, che egli però supera ben presto («*riprende ardire*»).

766-67: nascosta fra questi alberi forse non mi vedrà

775. *«fortunata»*: felice
776-77: mentre Zerlina canta questi versi, Don Giovanni ripete i versi 774-75; si mescolano così il timore di Zerlina e la seduzione di Don Giovanni
786-88: qui la musica viene eseguita da suonatori sulla scena

Vieni un poco in questo loco:
Fortunata io ti vo' far.

ZERLINA (fra sé)
Ah, s'ei vede il sposo mio,
So ben io quel che può far.

(Don Giovanni, nell'aprire il padiglione, e vedendo Masetto, fa un moto di stupore)

DON GIOVANNI
Masetto!

MASETTO
Sì, Masetto.

DON GIOVANNI (un poco confuso)
E chiuso là, perché?
(riprende ardire)
La bella tua Zerlina
Non può, la poverina,
Più star senza di te.

MASETTO (un poco ironico)
Capisco: sì, signore.

DON GIOVANNI (a Zerlina)
Adesso fate core,
Fate core!
I suonatori udite:
Venite omai con me.

MASETTO E ZERLINA
Sì, sì, facciamo core,
Ed a ballar con gli altri
Andiamo tutti e tre. (partono)

SCENA DICIANNOVESIMA

Le tre 'maschere' che partecipano alla festa introducono il tradizionale motivo del travestimento, che qui non ha però una funzione comica.

794. *«misfatti rei»*: colpevoli azioni immorali

SCENA DICIANNOVESIMA

Donn'Anna, Donn'Elvira, Don Ottavio, in maschera; poi Don Giovanni e Leporello alla finestra

DONN'ELVIRA
(entrando con Donn'Anna e Don Ottavio)
Bisogna aver coraggio,
O cari amici miei,
E i suoi misfatti rei

Scoprir potremo allor.

DON OTTAVIO

L'amica dice bene:
Coraggio aver conviene. (a Donn'Anna)
Discaccia, o vita mia,
L'affanno ed il timor.

DONN'ANNA

Il passo è periglioso,
Può nascer qualche imbroglio;
Temo pel caro sposo
E per noi temo ancor.

LEPORELLO

(uscendo con Don Giovanni sulla balconata del palazzo)

Signor, guardate un poco
Che maschere galanti!

DON GIOVANNI

Fàlle passar avanti,
Di' che ci fanno onor. (rientra)

DONN'ANNA, DONN'ELVIRA E DON OTTAVIO (fra sé)

Al volto ed alla voce
Si scopre il traditor.

LEPORELLO

Zì zì, signore maschere;
Zì, zì...

DONN'ANNA E DONN'ELVIRA

(sottovoce a Don Ottavio) Via, rispondete.

LEPORELLO

Zì, zì...

DON OTTAVIO (a Leporello)

Cosa chiedete?

LEPORELLO

Al ballo, se vi piace,
V'invita il mio signor.

DON OTTAVIO (a Leporello)

Grazie di tanto onore.

(a Donn'Anna e Donn'Elvira)

Andiam, compagne belle.

LEPORELLO (fra sé)

L'amico anche su quelle

798. «*discaccia*»: allontana
800. «*periglioso*»: pericoloso
801. *imbroglio*»: complicazione
803. «*ancor*»: anche
804-20. Questi versi sono accompagnati da un tempo di minuetto, eseguito da un'orchestrina sulla scena
807. «*che ci fanno onor*»: che saremo onorati della loro presenza

820. *«prova farà d'amor»*: cercherà di sedurle
821-24: qui la partitura dice «a tre»
822. *«zelo»*: desiderio di agire

Prova farà d'amor.
(entra e chiude il balcone)

DONN'ANNA E DON OTTAVIO

Protegga il giusto cielo
Il zelo del mio cor.

DONN'ELVIRA

Vendichi il giusto cielo
Il mio tradito amor.
(partono)

SCENA VENTESIMA

827. *«a far le pazze»*: a darvi alla pazza gioia
832. *«sorbetti»*: gelati, granite
834-35. Nelle parole che Zerlina dice a Masetto c'è il presagio del finale tragico dell'opera

SCENA VENTESIMA

Sala illuminata e preparata per una gran festa di ballo.
Don Giovanni, Leporello, Zerlina, Masetto, contadini e contadine, suonatori, servi con rinfreschi
(Don Giovanni fa seder le ragazze, e Leporello i ragazzi, che saranno in atto di aver finito un ballo.)

DON GIOVANNI

Riposate, vezzose ragazze!

LEPORELLO

Rinfrescatevi, bei giovinotti!

DON GIOVANNI E LEPORELLO

Tornerete a far presto le pazze,
Tornerete a scherzar e ballar.
(si portano i rinfreschi)

DON GIOVANNI

Ehi, caffè!

LEPORELLO

Cioccolatte!

MASETTO (sottovoce a Zerlina)

Ah, Zerlina: giudizio!

DON GIOVANNI

Sorbetti!

LEPORELLO

Confetti!

ZERLINA E MASETTO (fra sé)

Troppo dolce comincia la scena

In amaro potria terminar.
DON GIOVANNI
(fa carezze a Zerlina)
Sei pur vaga, brillante Zerlina!
ZERLINA (a Don Giovanni)
Sua bontà...
MASETTO (guarda e freme. Fra sé)
La briccona fa festa.
LEPORELLO
(imita il padrone colle altre ragazze)
Sei pur cara, Giannotta, Sandrina!
MASETTO (fra sé, guardando Don Giovanni)
Tocca pur, che ti cada la testa!
ZERLINA (fra sé)
Quel Masetto mi par stralunato:
Brutto brutto si fa quest'affar.
DON GIOVANNI E LEPORELLO (a parte)
Quel Masetto mi par stralunato:
Qui bisogna cervello adoprar.
MASETTO (fra sé, all'indirizzo di Zerlina)
Ah, briccona, mi vuoi disperar!

836. «*vaga*»: bella
841-45: qui la partitura dice «a quattro»
841. «*stralunato*»: sconvolto

SCENA VENTUNESIMA

Don Giovanni, Leporello, Zerlina, Masetto, contadini e contadine, suonatori, servi, Donn'Anna, Donn'Elvira e Don Ottavio
(Entrano Donn'Anna, Donn'Elvira e Don Ottavio mascherati.)

LEPORELLO
Venite pur avanti,
Vezzose mascherette!
DON GIOVANNI
È aperto a tutti quanti:
Viva la libertà!
DONN'ANNA, DONN'ELVIRA E DON OTTAVIO
Siam grati a tanti segni
Di generosità!

SCENA VENTUNESIMA

Durante la festa sono proprio le maschere che smascherano Don Giovanni: secondo la legge morale del contrappasso, la pena deve corrispondere esattamente alla colpa.

849: l'inno alla libertà non ha carattere politico, si intende la libertà di amare e godere

DONN'ANNA, DONN'ELVIRA, DON OTTAVIO, DON GIOVANNI E LEPORELLO

Viva la libertà!

DON GIOVANNI

(ai suonatori)

Ricominciate il suono.

(a Leporello, che porrà in ordine ecc.)

Tu accoppia i ballerini.

LEPORELLO

Da bravi, via, ballate.

(ballano. Don Ottavio balla il minuetto con Donn'Anna)

DONN'ELVIRA (sottovoce a Donn'Anna)

Quella è la contadina.

DONN'ANNA (sottovoce a Don Ottavio)

Io moro!

DON OTTAVIO (sottovoce a Donn'Anna)

Simulate.

DON GIOVANNI E LEPORELLO

Va bene, in verità!

MASETTO (ironicamente)

Va bene, in verità!

DON GIOVANNI (sottovoce a Leporello)

A bada tien Masetto.

LEPORELLO (a Masetto)

Non balli, poveretto?
Vien qua, Masetto caro:
Facciam quel ch'altri fa.

DON GIOVANNI (a Zerlina)

Il tuo compagno io sono,
Zerlina, vien pur qua!

(si mette a ballare con Zerlina una contraddanza)

MASETTO

No, no, ballar non voglio.

LEPORELLO

Eh, balla, amico mio!

MASETTO

No!

LEPORELLO

Sì!

854. *«accoppia i ballerini»*: forma le coppie

855-61: dopo il «maestoso», all'ingresso degli ospiti, un'orchestra sul palcoscenico esegue un minuetto, la tipica danza aristocratica del Settecento

858. *«simulate»*: fingete

863-66: al ritmo della contraddanza Leporello e Don Giovanni cantano «a due»

«contraddanza»: danza di origine inglese, in più parti e figure, in ritmo binario, ballata da coppie disposte di fronte

Caro Masetto, balla!

DONN'ANNA (sottovoce a Donn'Elvira)

Resister non poss'io!

DONN'ELVIRA E DON OTTAVIO (a Donn'Anna)

Fingete, per pietà.

(Leporello balla la *Teitsch* con Masetto)

DON GIOVANNI (a Zerlina)

Vieni con me, mia vita...

(ballando conduce Zerlina presso una porta, e la fa entrare quasi per forza)

MASETTO (a Leporello)

Lasciami... Ah... no... Zerlina!

ZERLINA

Oh, numi! son tradita!...

(Masetto si cava dalle mani di Leporello e segue Zerlina)

LEPORELLO (fra sé)

Qui nasce una ruina.

(segue in fretta Don Giovanni)

DONN'ANNA, DONN'ELVIRA E DON OTTAVIO

L'iniquo da se stesso
Nel laccio se ne va.

ZERLINA

(di dentro, ad alta voce; strepito di piedi a destra)

Gente!
Aiuto!... Aiuto, gente!

DONN'ANNA, DONN'ELVIRA E DON OTTAVIO

Soccorriamo l'innocente!

(i suonatori e gli altri partono confusi)

MASETTO

Ah, Zerlina!...

ZERLINA (di dentro)

Scellerato!

(si sente il grido e lo strepito dalla parte opposta)

DONN'ANNA, DONN'ELVIRA E DON OTTAVIO

Ora grida da quel lato...
Ah! gettiamo giù la porta!...

(gettano giù la porta)

ZERLINA (uscendo da un'altra parte)

Soccorretemi, son morta!

871: più che come invito alla danza il 'balla' suona come un ordine, quasi Masetto fosse un animale ammaestrato
872: si unisce la terza orchestra sul palcoscenico mentre Leporello balla con Masetto
«*Teitsch*»: probabilmente una deformazione di 'teutsch' (deutsch), per indicare l'allemanda
877. «*nasce una ruina*»: ne viene un disastro
878-79: il cattivo cade da solo nella trappola

889-91: con la solita disinvoltura Don Giovanni si fa di un torto una ragione, cercando di apparire come difensore di Zerlina. Ma la spada resta nel fodero; anche questo è un segno che la fortuna di Don Giovanni è ormai alla fine. La notazione musicale è «andante maestoso» 904 ss.: «a sette». Il finale del primo atto risulta strutturalmente simmetrico a quello dell'opera: nella penultima scena Don Giovanni, dopo la sfida sacrilega alla statua del Commendatore, pagherà tutte le colpe, mentre l'ultima scena vede questi stessi protagonisti che commentano la sua meritata fine.

DONN'ANNA, DONN'ELVIRA, DON OTTAVIO E MASETTO
Siam qui noi per tua difesa.
DON GIOVANNI (esce con spada in mano. Conduce seco per un braccio Leporello, e finge di voler ferirlo; ma la spada non esce dal fodero. A Zerlina)
Ecco il birbo che t'ha offesa,
Ma da me la pena avrà. (a Leporello)
Mori, iniquo!
LEPORELLO
Ah! cosa fate?
DON GIOVANNI
Mori, dico!
DON OTTAVIO
(cava una pistola contro Don Giovanni)
Nol sperate...
DONN'ANNA, DONN'ELVIRA E DON OTTAVIO
(cavandosi la maschera)
L'empio crede con tal frode
Di nasconder l'empietà.
DON GIOVANNI (riconoscendoli)
Donn'Elvira!
DONN'ELVIRA
Sì, malvagio!
DON GIOVANNI
Don Ottavio!
DON OTTAVIO
Sì, signore!
DON GIOVANNI (a Donn'Anna)
Ah! credete...
DONN'ANNA, DONN'ELVIRA, ZERLINA, DON OTTAVIO E MASETTO
Traditore! Traditore!
ZERLINA
Tutto, tutto, già si sa.
DONN'ANNA, DONN'ELVIRA, ZERLINA, DON OTTAVIO E MASETTO
Tutto, tutto già si sa.
Trema, trema scellerato!
Saprà tosto il mondo intero
Il misfatto orrendo e nero,

La tua fiera crudeltà.
Odi il tuon della vendetta
Che ti fischia intorno intorno:
Sul tuo capo, in questo giorno,
Il suo fulmine cadrà.

DON GIOVANNI E LEPORELLO

È confusa la $\frac{\text{mia}}{\text{sua}}$ testa,
Non $\frac{\text{so}}{\text{sa}}$ più quel $\frac{\text{ch'io mi}}{\text{ch'ei si}}$ faccia,
E un'orribile tempesta
Minacciando, oddio! $\frac{\text{mi}}{\text{lo}}$ va!
Ma non manca in $\frac{\text{me}}{\text{lui}}$ coraggio:
Non $\frac{\text{mi perdo}}{\text{si perde}}$ o $\frac{\text{mi confondo}}{\text{si confonde}}$
Se cadesse ancora il mondo
Nulla mai temer $\frac{\text{mi}}{\text{lo}}$ fa!

907. *«fiera»*: feroce
908-9: il fischiare ricorda il rumore delle pallottole più che quello dei tuoni, ma fa pensare anche al sibilare del vento di tempesta o del vento infernale

Atto secondo

SCENA PRIMA

La scena inizia con un nuovo tentativo di Leporello di abbandonare il suo padrone che lo disgusta e lo espone a continui pericoli. Ma l'arroganza di Don Giovanni si manifesta anche attraverso il denaro e la minaccia. Emerge così la doppia natura del servo: non sa resistere all'offerta di denaro, ma ha anche un po' di coscienza. Il duetto (1-8) è un «allegro assai».

2. *«vo'»*: voglio

6: è evidente il sarcasmo

7. *«fu per burlar»*: è stato uno scherzo

13. *«doppia»*: moneta del secolo XVI equivalente a due scudi

SCENA PRIMA

Strada; a lato la casa di Donn'Elvira con un balcone.
Don Giovanni e Leporello

DON GIOVANNI
Ehi, via, buffone, non mi seccar!

LEPORELLO
No, no, padrone, non vo' restar!

DON GIOVANNI
Sentimi, amico...

LEPORELLO
Vo' andar, vi dico.

DON GIOVANNI
Ma che ti ho fatto, che vuoi lasciarmi?

LEPORELLO
Oh, niente affatto: quasi ammazzarmi!

DON GIOVANNI
Va', che sei matto: fu per burlar.

LEPORELLO
Ed io non burlo, ma voglio andar.

(va per partire; Don Giovanni lo richiama)

DON GIOVANNI
Leporello.

LEPORELLO
Signore.

DON GIOVANNI
Vien qui, facciamo pace. Prendi...

LEPORELLO
Cosa?

DON GIOVANNI (gli dà del danaro)
Quattro doppie.

LEPORELLO
Oh! sentite:
Per questa volta

La cerimonia accetto.
Ma non vi ci avvezzate: non credete
Di sedurre i miei pari,
Come le donne, a forza di danari.

DON GIOVANNI

Non parliam più di ciò! Ti basta l'animo
Di far quel ch'io ti dico?

LEPORELLO

Purché lasciam le donne.

DON GIOVANNI

Lasciar le donne! Pazzo!
Lasciar le donne? Sai ch'elle per me
Son necessarie più del pan che mangio,
Più dell'aria che spiro!

LEPORELLO

E avete core
D'ingannarle poi tutte?

DON GIOVANNI

È tutto amore:
Chi a una sola è fedele
Verso l'altre è crudele
Io, che in me sento
Sì esteso sentimento,
Vo' bene a tutte quante.
Le donne, poi che calcolar non sanno,
Il mio buon natural chiamano inganno.

LEPORELLO

Non ho veduto mai
Naturale più vasto e più benigno.
Orsù, cosa vorreste?

DON GIOVANNI

Odi: vedesti tu la cameriera
Di Donn'Elvira?

LEPORELLO

Io no.

16. «*cerimonia*»: (qui) invito
17. «*avvezzate*»: abituate
20. «*ti basta l'animo*»: hai il coraggio
29-36: Don Giovanni espone la sua 'filosofia': la fedeltà ad una sola donna significa crudeltà verso le altre
35-36: che non capiscono e definiscono inganno il mio buon cuore

47. *«giacché»*: dal momento che
52-54: viene sottolineata la fama di ingannatori dei nobili nei confronti dei loro dipendenti
57. *«non soffro»*: non tollero

DON GIOVANNI
Non hai veduto
Qualche cosa di bello,
Caro il mio Leporello! Ora io con lei
Vo' tentar la mia sorte; ed ho pensato,
Giacché siam verso sera,
Per aguzzarle meglio l'appetito,
Di presentarmi a lei col tuo vestito.

LEPORELLO
E perché non potreste
Presentarvi col vostro?

DON GIOVANNI
Han poco credito
Con gente di tal rango
Gli abiti signorili. (si cava il proprio abito)
Sbrigati, via!

LEPORELLO
Signor... per più ragioni...

DON GIOVANNI (con collera)
Finiscila! Non soffro opposizioni.
(si scambiano l'abito)

SCENA SECONDA

La figura di Donna Elvira è caratterizzata da sentimenti contrastanti, in cui si mescolano desiderio di vendetta e amore, tanto da farle credere possibile la riconquista dell'amante. Il terzetto (58-93) è un «andantino».

SCENA SECONDA

Don Giovanni, Leporello, e Donn'Elvira sul balcone
(Si fa notte a poco a poco.)

DONN'ELVIRA
Ah, taci, ingiusto core,
Non palpitarmi in seno:
È un empio, è un traditore.
È colpa aver pietà.

LEPORELLO (sottovoce)
Zitto... di Donn'Elvira,
Signor, la voce io sento.

DON GIOVANNI (sottovoce)
Cogliere io vo' il momento.
Tu férmati un po' là.
(si mette dietro Leporello e parla a Donn'Elvira)

Elvira, idolo mio!...

DONN'ELVIRA

Non è costui l'ingrato?

DON GIOVANNI

Sì, vita mia, son io;
E chieggo carità.

DONN'ELVIRA (fra sé)

Numi, che strano affetto
Mi si risveglia in petto!

LEPORELLO (fra sé)

State a veder la pazza,
Che ancor gli crederà.

DON GIOVANNI

Discendi, o gioia bella!
Vedrai che tu sei quella
Che adora l'alma mia:
Pentito io sono già.

DONN'ELVIRA

No, non ti credo, o barbaro!

DON GIOVANNI (con affettato dolore)

Ah, credimi, o m'uccido!

LEPORELLO (sottovoce a Don Giovanni)

Se seguitate, io rido.

DON GIOVANNI

Idolo mio, vien qua.

DONN'ELVIRA (fra sé)

Dei, che cimento è questo?
Non so s'io vado o resto...
Ah! proteggete voi
La mia credulità.

DON GIOVANNI (fra sé)

Spero che cada presto.
Che bel colpetto è questo!
Più fertile talento
Del mio, no, non si dà.

LEPORELLO (fra sé)

Già quel mendace labbro
Torna a sedur costei:
Deh! proteggete, o Dei,
La sua credulità.

69. «*chieggo carità*»: chiedo pietà
70-73: «a due», dice la partitura
76. «*alma*»: anima
«*affettato*»: finto con esagerazione
82. «*cimento*»: dura prova
82-93: nei versi eseguiti «a tre» appare evidente la perfidia di Don Giovanni contrapposta al dolore di Donna Elvira, mentre Leporello prova pietà per lei, ma non riesce a staccarsi dal padrone
88-89: nessuno è più bravo di me a mentire
90. «*mendace*»: bugiardo

(Donn'Elvira parte dal balcone)

DON GIOVANNI (allegrissimo)

Amico, che ti par?

LEPORELLO

Mi par che abbiate
Un'anima di bronzo.

DON GIOVANNI

Va' là, che se' il gran gonzo! Ascolta bene
Quando costei qui viene,
Tu corri ad abbracciarla:
Falle quattro carezze,
Fingi la voce mia; poi con bell'arte
Cerca teco condurla in altra parte.

LEPORELLO

Ma signore…

DON GIOVANNI

Non più repliche!

LEPORELLO

E se poi mi conosce?

DON GIOVANNI

(mette presso il naso una pistola a Leporello)

Non ti conoscerà, se tu non vuoi.
Zitto: ell'apre. Ehi, giudizio!

(va in disparte)

95. *«anima di bronzo»*: oggi si trova l'espressione 'faccia di bronzo' per descrivere chi sa mentire spudoratamente

97. *«gonzo»*: stupido, sciocco

SCENA TERZA

Don Giovanni, Leporello e Donn'Elvira

DONN'ELVIRA

Eccomi a voi.

DON GIOVANNI

(si ritira nel fondo; fra sé)

Veggiamo che farà.

LEPORELLO (fra sé)

Che imbroglio!

DONN'ELVIRA

(a Leporello, scambiandolo per Don Giovanni)

Dunque, creder potrò che i pianti miei

SCENA TERZA

La situazione gioca sul travestimento e il conseguente inganno della sfortunata e infelice Donna Elvira. Nella commedia e nell'opera buffa il travestimento è motivo di gioco e di burla, qui invece è causa di rinnovato dolore.

Abbian vinto quel cor? Dunque, pentito
L'amato Don Giovanni al suo dovere
E all'amor mio ritorna?...

LEPORELLO (alterando la voce)
Sì, carina!

DONN'ELVIRA
Crudele! Se sapeste
Quante lagrime e quanti
Sospir voi mi costate!...

LEPORELLO
Io, vita mia?

DONN'ELVIRA
Voi.

LEPORELLO
Poverina! Quanto mi dispiace!

DONN'ELVIRA
Mi fuggirete più?

LEPORELLO
No, muso bello.

DONN'ELVIRA
Sarete sempre mio?

LEPORELLO
Sempre.

DONN'ELVIRA
Carissimo!

LEPORELLO
Carissima! (fra sé)
La burla mi dà gusto.

DONN'ELVIRA
Mio tesoro!

LEPORELLO
Mia Venere!

DONN'ELVIRA
Son per voi tutta fuoco.

LEPORELLO
Io tutto cenere.

DON GIOVANNI (fra sé)
Il birbo si riscalda.

DONN'ELVIRA
E non m'ingannerete?

113. «*al suo dovere*»: al suo impegno matrimoniale
122. «*mi fuggirete più?*»: non fuggirete più via da me?
132. «*io tutto cenere*»: immagine simmetrica al 'fuoco' di lei, indica però anche l'assenza di passione. Leporello sta recitando la sua parte, da buffone, ma è anche sincero. È interessante il suo registro linguistico, che sta fra la naturale semplicità - che non diventa mai volgarità - e l'imitazione del linguaggio più elegante del padrone

138. *«lumi»*: occhi (voce poetica)
144-51: la «canzonetta» è un «allegretto» con accompagnamento di mandolino, secondo la più classica forma della serenata mediterranea
149: che hai il cuore così dolce

LEPORELLO
No, sicuro.
DONN'ELVIRA
Giuratemi.
LEPORELLO
Lo giuro a questa mano,
Che bacio con trasporto, e a quei bei lumi...
DON GIOVANNI (finge di uccider qualcheduno con la spada alla mano ecc.)
Ih! eh! ah! ih! Sei morto!
DONN'ELVIRA E LEPORELLO
Oh, Numi! (fuggono)
DON GIOVANNI (ride)
Ih, eh, ih, eh, ah, ih! Par che la sorte
Mi secondi. Veggiamo:
Le finestre son queste. Ora cantiamo.
Deh, vieni alla finestra, o mio tesoro!
Deh, vieni a consolar il pianto mio:
Se neghi a me di dar qualche ristoro,
Davanti agli occhi tuoi morir vogl'io.
Tu ch'hai la bocca dolce più che il miele,
Tu che il zucchero porti in mezzo al core,
Non esser, gioia mia, con me crudele:
Làsciati almen veder, mio bell'amore!

SCENA QUARTA

Il travestimento e la sostituzione di persona sono elementi classici della commedia e dell'opera buffa.

152. *«dessa»*: lei

SCENA QUARTA

Don Giovanni, Masetto e contadini armati

DON GIOVANNI
V'è gente alla finestra: forse è dessa.
Zi, zi.
MASETTO (entrando coi contadini)
Non ci stanchiamo: il cor mi dice,
Che trovarlo dobbiam.
DON GIOVANNI (fra sé)
Qualcuno parla.
MASETTO
Fermatevi: mi pare

Che alcuno qui si muova.
DON GIOVANNI (fra sé)
Se non fallo è Masetto.
MASETTO (a voce alta)
Chi va là?
(ai contadini) Non risponde.
Animo: schioppo al muso!
(a voce più alta) Chi va là?
DON GIOVANNI (fra sé)
Non è solo:
Ci vuol giudizio.
(cerca d'imitar la voce di Leporello) Amici...
(fra sé) Non mi voglio scoprir.
(c. s.) Sei tu, Masetto?
MASETTO (in collera)
Appunto quello. E tu?
DON GIOVANNI
Non mi conosci? Il servo
Son io di Don Giovanni
MASETTO
Leporello!
Servo di quell'indegno cavaliere!
DON GIOVANNI
Certo: di quel briccone...
MASETTO
Di quell'uom senza onore!
Ah, dimmi un poco
Dove possiam trovarlo:
Lo cerco con costor per trucidarlo.
DON GIOVANNI (fra sé)
Bagattelle!
(ad alta voce) Bravissimo, Masetto!
Anch'io con voi m'unisco,
Per fargliela, a quel birbo di padrone.
Ma udite un po' qual è la mia intenzione.
(accennando a destra)
Metà di voi qua vadano,
(accennando a sinistra)
E gli altri vadan là,
E pian pianin lo cerchino:

159. *«fallo»*: sbaglio, sono in errore
162. *«schioppo al muso»*: fucile tenuto davanti alla faccia
178. *«trucidarlo»*: ucciderlo brutalmente
179. *«bagattelle»*: sciocchezze
181. *«per fargliela»*: per ingannarlo e punirlo
183 ss.: l'aria è un «andante con moto»

186. *«non fia»*: non deve succedere
200. *«e già vedrai cos'è»*: ci aspettiamo il peggio per il povero Masetto

Lontan non fia di qua.
Se un uom e una ragazza
Passeggian per la piazza;
Se sotto a una finestra
Fare all'amor sentite,
Ferite pur, ferite:
Il mio padron sarà!
In testa egli ha un cappello
Con candidi pennacchini;
Addosso un gran mantello,
E spada al fianco egli ha.
Andate, fate presto!

(i contadini partono. A Masetto)

Tu sol verrai con me.
Noi far dobbiamo il resto;
E già vedrai cos'è.

(prende seco Masetto, e parte)

SCENA QUINTA

E quello che ci aspettavamo si avvera: il povero Masetto le prende di santa ragione, cioè viene picchiato senza pietà.

204. *«basteria»*: basterebbe, sarebbe sufficiente
207. *«brani»*: pezzi, brandelli
210. *«pria questo moschetto»*: per prima cosa ho questo fucile

SCENA QUINTA

Don Giovanni e Masetto

DON GIOVANNI (ritorna in scena, conducendo seco per la mano Masetto)

Zitto... Lascia ch'io senta... Ottimamente.
Dunque, dobbiam ucciderlo.

MASETTO

Sicuro.

DON GIOVANNI

E non ti basteria rompergli l'ossa,
Fracassargli le spalle...

MASETTO

No, no: voglio ammazzarlo,
Vo' farlo in cento brani.

DON GIOVANNI

Hai buone armi?

MASETTO

Cospetto!
Ho pria questo moschetto

E poi questa pistola.
(dà il moschetto e la pistola a Don Giovanni)
DON GIOVANNI
E poi?
MASETTO
Non basta?
DON GIOVANNI
Eh, basta, certo! Or prendi:
(batte col rovescio della spada Masetto)
Questa per la pistola...
Questa per il moschetto...
MASETTO
Ahi! ahi!... soccorso! Ahi! ahi!
DON GIOVANNI (minacciandolo con le armi alla mano)
Taci, o sei morto!
Questa per l'ammazzarlo,
Questa per farlo in brani.
Villano, mascalzon, ceffo da cani! (parte)

«*batte col rovescio della spada*»: non vuole ferire o uccidere e usa la spada come un bastone. Un 'cavaliere' si batte a duello solo con un suo pari, non con un contadino o un servo

SCENA SESTA

Masetto; poi Zerlina con lanterna

MASETTO (gridando forte)
Ahi! ahi! la testa mia!
Ahi! ahi! le spalle... e il petto!
ZERLINA (entrando)
Di sentire mi parve
La voce di Masetto.
MASETTO
Oddio! Zerlina...
Zerlina mia, soccorso!
ZERLINA
Cosa è stato?
MASETTO
L'iniquo, il scellerato
Mi ruppe l'ossa e i nervi.
ZERLINA
Oh, poveretta me! Chi?

SCENA SESTA

Zerlina cerca di consolare Masetto e ancora una volta ci riesce, con grazia ma anche con civetteria.

229. «*iniquo*»: ingiusto; qui significa malvagio
230. «*l'ossa e i nervi*»: Masetto esagera per farsi compatire, comunque è tutto dolorante per le botte che ha preso. E anche il suo orgoglio di uomo e di sposo è stato offeso

233. *«o qualche diavol»*: nasce il dubbio che ci sia un inganno
234. *«non tel diss'io»*: non te l'avevo detto
244: Zerlina è consolatoria ma anche rassicurata
245. *«vientene meco»*: vieni via con me
249 ss.: le parole di Zerlina appaiono dolcemente ambigue: la medicina sta nel suo amore ma anche nel calore del suo corpo. L'indicazione «grazioso» per questa aria sottolinea la dolce malizia di Zerlina. È interessante notare che Mozart dedica sempre un «grazioso» a questa semplice ma gentile figura femminile. Zerlina svolge più o meno lo stesso ruolo – anche musicale – di Susanna nelle *Nozze di Figaro*

MASETTO
Leporello!
O qualche diavol che somiglia a lui.
ZERLINA
Crudel! Non tel diss'io
Che con questa tua pazza gelosia
Ti ridurresti a qualche brutto passo?
Dove ti duole?
MASETTO
Qui.
ZERLINA
E poi?
MASETTO
Qui... e ancora qui...
ZERLINA
E poi non ti duol altro?
MASETTO
Duolmi un poco
Questo piè, questo braccio e questa [mano.
ZERLINA
Via, via: non è gran mal, se il resto è sano.
Vientene meco a casa:
Purché tu mi prometta
D'essere men geloso,
Io... io ti guarirò, caro il mio sposo.
Vedrai, carino,
Se sei buonino,
Che bel rimedio
Ti voglio dar:
È naturale,
Non dà disgusto,
E lo speziale
Non lo sa far.
È un certo balsamo
Che porto addosso:
Dare tel posso,
Se il vuoi provar.
Saper vorresti
Dove mi sta? (facendogli toccare il core)

Sentilo battere,
Toccami qua. (partono)

SCENA SETTIMA

Atrio terreno oscuro in casa di Donn'Anna. Leporello, Donn'Elvira; poi Don Ottavio e Donn'Anna con servi e lumi

LEPORELLO (sempre alterando la voce)
Di molte faci il lume
S'avvicina, o mio ben: stiamo qui un poco
Finché da noi si scosta.

DONN'ELVIRA
Ma che temi,
Adorato mio sposo?

LEPORELLO
Nulla, nulla...
Certi riguardi... Io vo' veder se il lume
È già lontano. (fra sé)
Ah, come
Da costei liberarmi?(a Donn'Elvira)
Rimanti, anima bella...
(s'allontana)

DONN'ELVIRA
Ah! non lasciarmi! (fra sé)
Sola sola, in buio loco,
Palpitar il cor mi sento;
E m'assale un tal spavento,
Che mi sembra di morir.

LEPORELLO (andando a tentone, fra sé)
Più che cerco, men ritrovo
Questa porta, sciagurata...
Piano, piano: l'ho trovata.
Ecco il tempo di fuggir. (sbaglia la porta)
(Donn'Anna e Don Ottavio entrano vestiti a lutto con servi che portano fiaccole)

DON OTTAVIO (a Donn'Anna)
Tergi il ciglio, o vita mia!

SCENA SETTIMA

La scena si raccorda alla scena terza: Donna Elvira esprime amore e timore, Leporello, ancora travestito, cerca solo di sfuggire alla pericolosa situazione, mentre Don Ottavio e Donna Anna rappresentano, per contrapposto, l'amore fedele e il dolore profondo, lontani da ogni finzione.

265. «*di molte faci il lume*»: la luce di molte fiaccole
275. «*rimanti*»: resta qui
277 ss.: il sestetto è un «andante»
285. «*tergi il ciglio*»: asciuga gli occhi

288. *«pena avrà»*: sentirà pietà
289-92: lasciami almeno piangere, avere così un po' di sollievo; solo con la morte non piangerò più

E da' calma al tuo dolore:
L'ombra omai del genitore
Pena avrà de' tuoi martir.

DONN'ANNA
Lascia almen alla mia pena
Questo picciolo ristoro.
Sol la morte, o mio tesoro,
Il mio pianto può finir.

DONN'ELVIRA (fra sé, senza esser vista)
Ah! dov'è lo sposo mio?

LEPORELLO
(fra sé, dalla porta, senza esser visto)
Se mi trovan, son perduto.

DONN'ELVIRA E LEPORELLO
Una porta là vegg'io.
Cheta/o cheta/o io vo' partir.
(cercano di uscire)

SCENA OTTAVA

Leporello viene riconosciuto: sta passando un momento di gran paura.

299. *«fellone»*: ingannatore, sleale e malvagio
300. *«mora»*: muoia

SCENA OTTAVA

Leporello, Donn'Elvira, Donn'Anna, Don Ottavio, Zerlina, Masetto, servi
Zerlina e Masetto, entrando, s'incontrano con Donn'Elvira e Leporello, che si nasconde la faccia.

ZERLINA E MASETTO
Ferma, briccone!
Dove ten vai?

DONN'ANNA E DON OTTAVIO
Ecco il fellone!
Come era qua?

DONN'ANNA, ZERLINA, DON OTTAVIO E MASETTO
Ah! mora il perfido
Che m'ha tradito!

DONN'ELVIRA
È mio marito!
Pietà, pietà!

DONN'ANNA, ZERLINA, DON OTTAVIO E MASETTO
È Donna Elvira,

Quella ch'io vedo?
Appena il credo...
No, no: morrà!

(Don Ottavio fa l'atto di ucciderlo)

LEPORELLO

(si scopre e si mette in ginocchio davanti agli altri)

Perdon, perdono,
Signori miei
Quello io non sono:
Sbaglia, costei;
Viver lasciatemi,
Per carità!

DONN'ANNA, DONN'ELVIRA

Dei! Leporello! ...
Che inganno è questo!

ZERLINA, DON OTTAVIO E MASETTO

Stupid$\frac{a}{o}$ resto:
Che mai sarà?

LEPORELLO

Mille torbidi pensieri
Mi s'aggiran per la testa:
Se mi salvo in tal tempesta,
È un prodigio, in verità.

DONN'ANNA, DONN'ELVIRA, ZERLINA, DON OTTAVIO E MASETTO

Mille torbidi pensieri
Mi s'aggiran per la testa...
Che giornata, o stelle, è questa!
Che impensata novità!

(Donn'Anna parte coi servi)

SCENA NONA

Leporello, Donn'Elvira, Don Ottavio, Zerlina e Masetto

ZERLINA (a Leporello)

Dunque, quello sei tu che il mio Masetto
Poco fa crudelmente maltrattasti!

DONN'ELVIRA (a Leporello)

Dunque, tu m'ingannasti, o scellerato,

311. *«quello io non sono»*: non sono colui che voi credete
317. *«stupida/o»*: stupita/o
319-26: l'esecuzione è «a sei» con il tempo «molto allegro», a sottolineare la cinfusione che nasce dai travestimenti e dagli inganni
319. *«torbidi»*: confusi, oscuri
326. *«impensata»*: incredibile

SCENA NONA

Nella confusione in cui tutti esprimono la volontà di ammazzare Leporello, Donna Anna, andandosene, resta sempre il personaggio più composto e nobile, in contrasto con le contraddizioni di Donna Elvira e l'ambiguità di Zerlina. Leporello, pur confuso e balbettante, non si lascia scappare l'occasione di scomparire.

341-42. *«con prepotenza l'innocenza mi rubò»*: mi ha costretto a diventare disonesto
347. *«circumcirca»*: all'incirca (finto latino)
357 ss.: l'aria di Leporello è un «allegro assai»
359. *«celato»*: nascosto
363. *«fuggia»*: sono fuggito

Spacciandoti con me da Don Giovanni!
DON OTTAVIO (a Leporello)
Dunque, tu in questi panni
Venisti qui per qualche tradimento!
DONN'ELVIRA
A me tocca punirlo.
ZERLINA
Anzi, a me!
DON OTTAVIO
No, no: a me!
MASETTO
Accoppatelo meco tutti e tre!
LEPORELLO
Ah, pietà, signori miei!
Ah, pietà, pietà di me!
Dò ragione a voi... a lei...
Ma il delitto mio non è.
Il padron con prepotenza
L'innocenza mi rubò. (a Donn'Elvira)
Donna Elvira! compatite:
Voi capite come andò. (a Masetto)
Di Masetto non so nulla.
(accennando a Donn'Elvira)
Vel dirà questa fanciulla:
È un'oretta circumcirca
Che con lei girando vò. (a Don Ottavio)
A voi, signore,
Non dico niente.
Certo timore...
Certo accidente...
Di fuori chiaro,
Di dentro oscuro...
Non c'è riparo...
La porta, il muro...
Lo... il... la...
Vò da quel lato,
Poi, qui celato,
L'affar si sa,
Oh, si sa!
Ma s'io sapeva

Fuggia per qua... (fugge)

SCENA DECIMA

Donn'Elvira, Don Ottavio, Zerlina e Masetto

DONN'ELVIRA
Ferma, perfido, ferma!...
MASETTO
Il birbo ha l'ali ai piedi...
ZERLINA
Con qual arte
Si sottrasse, l'iniquo!
DON OTTAVIO
Amici miei,
Dopo eccessi sì enormi,
Dubitar non possiam che Don Giovanni
Non sia l'empio uccisore
Del padre di Donn'Anna. In questa casa
Per poche ore fermatevi: un ricorso
Vo' far a chi si deve, e in pochi istanti
Vendicarvi prometto.
Così vuole dover, pietade, affetto.
Il mio tesoro intanto
Andate a consolar,
E del bel ciglio il pianto
Cercate di asciugar.
Ditele che i suoi torti
A vendicar io vado,
Che sol di stragi e morti
Nunzio vogl'io tornar. (partono)

SCENA UNDICESIMA

Donn'Elvira sola

DONN'ELVIRA
In quali eccessi, o Numi,

SCENA DECIMA

L'aria di Don Ottavio è sospesa, sia nelle parole che nella musica, fra tenerezza ed eroismo. In questo senso va anche l'indicazione «andante grazioso», contenuta nella partitura dal verso 376 al 384.

369. *«eccessi sì enormi»*: azioni delittuose così gravi
384. *«nunzio»*: messaggero

SCENA UNDICESIMA

Ancora una volta Donna Elvira manifesta una personalità contraddittoria, come si vede soprattutto nell'aria (395 ss.), un «allegretto»

387. «*avvolto*»: coinvolto
389-91: mi sembra di vedere il fulmine del cielo che lo colpirà sul capo
394. «*ambasce*»: tormenti
400. «*favella*»: parla
401. «*cimento*»: sfida, prova

In quai misfatti orribili, tremendi,
È avvolto il sciagurato! Ah, no, non puote
Tardar l'ira del cielo...
La giustizia tardar! Sentir già parmi
La fatale saetta
Che gli piomba sul capo! Aperto veggio
Il baratro mortal... Misera Elvira,
Che contrasto d'affetti in sen ti nasce!
Perché questi sospiri? e queste ambasce?
Mi tradì, quell'alma ingrata:
Infelice, oddio! mi fa.
Ma, tradita e abbandonata,
Provo ancor per lui pietà.
Quando sento il mio tormento,
Di vendetta il cor favella;
Ma, se guardo il suo cimento,
Palpitando il cor mi va. (parte)

SCENA DODICESIMA

Con questa scena il dramma giocoso, iniziato con l'uccisione del Commendatore, volge alla tragica fine: l'incontro con il monumento funebre del Commendatore mostra l'ultima arrogante impresa di Don Giovanni, l'invito a cena della statua della sua vittima, ma preannuncia anche la punizione, che di fronte alla sfida sacrilega non può più attendere e deve essere compiuta dal

SCENA DODICESIMA

Cimitero circondato da un muro; diversi monumenti equestri, fra cui quello del Commendatore.
Chiaro di luna.
Don Giovanni; poi Leporello; statua del Commendatore

DON GIOVANNI (entra scavalcando il muro. Ridendo)
Ah! ah! ah! ah! questa è buona!
Or lasciala cercar. Che bella notte!
È più chiara del giorno: sembra fatta
Per gir a zonzo a caccia di ragazze.
È tardi? (guarda sull'orologio)
Oh, ancor non sono
Due della notte. Avrei
Voglia un po' di saper come è finito
L'affar tra Leporello e Donn'Elvira:
S'egli ha avuto giudizio...
LEPORELLO (di dentro, fra sé ad alta voce)
Alfin vuole ch'io faccia un precipizio.

DON GIOVANNI

È desso. Oh, Leporello!

LEPORELLO (dal muro)

Chi mi chiama?

DON GIOVANNI

Non conosci il padron?

LEPORELLO

Così nol conoscessi!

DON GIOVANNI

Come? Birbo!

LEPORELLO

Ah, siete voi. Scusate.

DON GIOVANNI

Cosa è stato?

LEPORELLO

Per cagion vostra, io fui quasi accoppato.

DON GIOVANNI

Ebben, non era questo
Un onore, per te?

LEPORELLO

Signor, vel dono.

DON GIOVANNI

Via, via, vien qua: che belle
Cose ti deggio dir!

LEPORELLO

Ma cosa fate qui?

DON GIOVANNI

Vien dentro, e lo saprai.

(Leporello passa il rnuro e cambia mantello e cappello con Don Giovanni)

Diverse istorielle,
Che accadute mi son da che partisti,
Ti dirò un'altra volta; or la più bella
Ti vo' solo narrar.

LEPORELLO

Donnesca, al certo.

DON GIOVANNI

C'è dubbio? Una fanciulla
Bella, giovin, galante,
Per la strada incontrai. Le vado appresso,

cielo e non dagli uomini.

La notte illuminata dalla luna potrebbe far pensare ad un incontro amoroso, ad un'atmosfera idilliaca, ma il cimitero serve ad accentuare il contrasto fra le avventure di Don Giovanni e la punizione che lo attende; inoltre i raggi della luna rendono più spettrale il biancore del marmo.

406. «*per gir a zonzo*»: per andare a spasso
412. «*s'egli ha avuto giudizio*»: se ci ha saputo fare
417. «*così non lo conoscessi*»: magari non lo conoscessi
421. «*cagion*»: causa, colpa
424. «*vel dono*»: ve lo regalo; chiaro il tono ironico
433. «*al certo*»: sicuramente

438-39: sai chi credeva che io fossi?
456. «*monto*»: entro scavalcando il muro

La prendo per la man: fuggir mi vuole.
Dico poche parole: ella mi piglia
Sai per chi?

LEPORELLO
Non lo so.

DON GIOVANNI
Per Leporello.

LEPORELLO
Per me?

DON GIOVANNI
Per te.

LEPORELLO
Va bene.

DON GIOVANNI
Per la mano
Ella allora mi prende.

LEPORELLO
Ancora meglio.

DON GIOVANNI
M'accarezza, mi abbraccia:
«Caro il mio Leporello...
Leporello mio caro... ». Allor m'accorsi
Ch'era qualche tua bella.

LEPORELLO (fra sé)
Oh, maledetto!

DON GIOVANNI
Dell'inganno approfitto. Non so come
Mi riconosce: grida. Sento gente,
A fuggir mi metto, e, pronto pronto,
Per quel muretto in questo loco io monto.

LEPORELLO
E mi dite la cosa
Con tale indifferenza?

DON GIOVANNI
Perché no?

LEPORELLO
Ma se fosse
Costei stata mia moglie?

DON GIOVANNI
Meglio ancora! (ride molto forte)

IL COMMENDATORE
Di rider finirai pria dell'aurora.
DON GIOVANNI
Chi ha parlato?
LEPORELLO (con atti di paura)
Ah! qualche anima
Sarà dell'altro mondo,
Che vi conosce a fondo.
DON GIOVANNI
Taci, sciocco!
Chi va là? chi va là?
(mette mano alla spada, e cerca qua e là pel sepolcreto dando diverse percosse alle statue ecc.)
IL COMMENDATORE
Ribaldo audace!
Lascia a' morti la pace.
LEPORELLO
Ve l'ho detto...
DON GIOVANNI (con indifferenza e sprezzo)
Sarà qualcun di fuori
Che si burla di noi...
Ehi! Del Commendatore
Non è questa la statua? Leggi un poco
Quella iscrizion.
LEPORELLO
Scusate...
Non ho imparato a leggere
A' raggi della luna...
DON GIOVANNI
Leggi, dico!
LEPORELLO (legge)
«Dell'empio che mi trasse al passo [estremo
Qui attendo la vendetta»...
(A Don Giovanni)
Udiste?... Io tremo!
DON GIOVANNI
O vecchio buffonissimo!
Digli che questa sera
L'attendo a cena meco.

463. *«pria dell'aurora»*: prima che faccia giorno. L'alba è simbolo della rigenerazione morale. Le parole pronunciate dalla statua del Commendatore sono un «recitativo drammatico». Questa indicazione unita alla profonda voce di basso, che esce più cupa dalla statua, rendono molto drammatici gli «accenti» , le parole che vengono dall'oltretomba
«pel sepolcreto»: attraverso il cimitero
470. *«ribaldo audace»*: malvagio arrogante
482-83: aspetto qui di vendicarmi del malvagio che mi diede la morte
485. *«buffonissimo»*: proprio ridicolo

LEPORELLO

Che pazzia! Ma vi par… Oh, Dei! mirate
Che terribili occhiate egli ci dà.
Par vivo! par che senta,
E che voglia parlar...

DON GIOVANNI

Orsù, va' là,
O qui t'ammazzo e poi ti seppellisco.

LEPORELLO

Piano, piano, signore: ora ubbidisco.
(alla statua)
O statua gentilissima
Del gran Commendatore...
(a Don Giovanni) Padron, mi trema il core:
Non posso terminar...

DON GIOVANNI

Finiscila, o nel petto
Ti metto quest'acciar!

LEPORELLO (fra sé)

Che impiccio! che capriccio!
Io sentomi gelar.

DON GIOVANNI (fra sé)

Che gusto! che spassetto!
Lo voglio far tremar.

LEPORELLO (alla statua)

O statua gentilissima
Benché di marmo siate...
(a Don Giovanni) Ah, padron mio, mirate
Che séguita a guardar.

DON GIOVANNI (a Leporello)

Mori!

LEPORELLO

No, no, attendete. (alla statua)
Signor, il padron mio...
Badate ben, non io...
Vorria con voi cenar... (la statua china la testa)
Ah! ah! ah! che scena è questa!...
Oh, ciel! chinò la testa!

DON GIOVANNI

Va' là, che se' un buffone…

500. *«quest'acciar»*: questa spada (si nomina la materia - acciaio - per l'oggetto che di essa è fatto). Don Giovanni è proprio un sadico, e gode del terrore di Leporello
503. *«che spassetto»*: che divertimento
505 ss.: il duetto è un «allegro», i versi 526 ss. sono eseguiti «a due»
508. *«seguita»*: continua
511-13: ancora una volta, ma con maggiore urgenza, Leporello sente la necessità di dissociarsi dalle azioni di Don Giovanni
513: *«vorria»*: vorrebbe, desidererebbe

LEPORELLO

Guardate ancor, padrone...

DON GIOVANNI

E che deggio guardar?

LEPORELLO

Colla marmorea testa
Ei fa... così... così... (imita la statua)

DON GIOVANNI

Con la marmorea testa
Ei fà così... così... (alla statua)
Parlate! Se potete,
Verrete a cena?

IL COMMENDATORE

Sì.

LEPORELLO

Mover mi posso appena,
Mi manca, oh, Dei! la lena!
Per carità, partiamo,
Andiamo via di qua.

DON GIOVANNI

Bizzarra è inver la scena!
Verrà il buon vecchio a cena...
A prepararla andiamo,
Partiamo via di qua. (partono)

SCENA TREDICESIMA

Stanza in casa di Donn'Anna.

DON OTTAVIO

Calmatevi, idol mio: di quel ribaldo
Vedrem puniti in breve i gravi eccessi.
Vendicati sarem.

DONN'ANNA

Ma il padre, oddio!

DON OTTAVIO

Convien chinare il ciglio
Al volere del ciel. Respira, o cara!
Di tua perdita amara

519. «*colla*»: con la
527. «*lena*»: forza
531. «*il buon vecchio*»: il tono apparentemente bonario sottolinea la derisione, l'offesa

SCENA TREDICESIMA

Don Ottavio si era definito 'sposo e padre' di Donna Anna ed ora le offre di svolgere in pieno questi due ruoli, celebrando le nozze. Ma Donna Anna è divisa fra l'amore per lo sposo e il lutto per la morte del padre e ha bisogno di tempo per ritrovare l'equilibrio interiore.

Fia domani, se vuoi, dolce compenso
Questo cor, questa mano...
Che il mio tenero amor...

DONN'ANNA

Oh, Dei! che dite
In sì tristi momenti...

DON OTTAVIO

E che! Vorresti,
Con indugi novelli,
Accrescer le mie pene?
Crudele!

DONN'ANNA

Crudele? Ah, no, mio bene!
Troppo mi spiace
Allontanarti un ben che lungamente
La nostr'alma desia... Ma il mondo... oddio...
Non sedur la mia costanza
Del sensibil mio core!
Abbastanza per te mi parla amore.
Non mi dir, bell'idol mio,
Che son io crudel con te:
Tu ben sai quant'io t'amai,
Tu conosci la mia fè.
Calma, calma il tuo tormento,
Se di duol non vuoi ch'io mora:
Forse un giorno il cielo ancora
Sentirà pietà di me. (parte)

546-49: Don Ottavio perde per un attimo la nobile generosità d'animo, mostrando passione amorosa e desiderio del suo compimento
547. *«indugi novelli»*: nuovi ritardi
550 ss.: soffro a farti aspettare, ma non costringere il mio cuore: so bene quanto mi ami. Nella partitura si trovano un «recitativo», accompagnato solo dagli archi, e a partire dal verso 557 un «rondò» con accompagnamento più ampio

SCENA QUATTORDICESIMA

Don Ottavio solo

DON OTTAVIO

Ah, si segua il suo passo: io vo' con lei
Dividere i martiri.
Saran meco men gravi i suoi sospiri.
(parte)

SCENA QUATTORDICESIMA

567: se le sto vicino forse il suo dolore sarà meno grande

SCENA QUINDICESIMA

Sala illuminata in casa di Don Giovanni; una mensa preparata per mangiare.
Don Giovanni, Leporello e suonatori

DON GIOVANNI
Già la mensa è preparata. (ai suonatori)
Voi suonate, amici cari:
Giacché spendo i miei danari,
Io mi voglio divertir. (siede a mensa)
Leporello, presto in tavola!
LEPORELLO
Son prontissimo a servir.
(i servi portano in tavola. I suonatori cominciano a suonare, e Don Giovanni mangia)
Bravi! *Cosa rara.*
DON GIOVANNI
Che ti par del bel concerto?
LEPORELLO
È conforme al vostro merto.
DON GIOVANNI
Ah, che piatto saporito!
LEPORELLO (fra sé)
Ah, che barbaro appetito!
Che bocconi da gigante!
Mi par proprio di svenir.
DON GIOVANNI (fra sé)
Nel vedere i miei bocconi
Gli par proprio di svenir. (a Leporello)
Piatto!
LEPORELLO
Servo.
Evvivano *I litiganti*!
DON GIOVANNI
Versa il vino.
(Leporello versa il vino nel bicchiere)
Eccellente marzimino!
LEPORELLO
(cangia il piatto a Don Giovanni e mangia in fretta

SCENA QUINDICESIMA

La cena (scene XV, XVI e XVII) è l'ultimo esempio di carnalità e arroganza di Don Giovanni. La punizione giungerà per mano di colui che la sua stessa mano ha ucciso (una specie di contrappasso). Accanto al 'dissoluto' il servo, sempre un po' buffone e scaltro ma atterrito dalla presenza dell'oltretomba e tuttavia troppo insignificante per meritare una punizione celeste.

574 e 585:: «*Cosa rara*» e «*I litiganti*» sono due opere allora famose con libretto di Da Ponte, musica di Martini (Martín y Soler). La musica ne riproduce alcune battute
576.« *conforme al vostro merto*»: corrispondente a quanto meritate
587. «*marzimino*»: vino rosso, il cui nome deriva da Marzemin, villaggio in Slovenia

ecc.; fra sé) Questo pezzo di fagiano
Piano piano vo' inghiottir.

DON GIOVANNI (fra sé)
Sta mangiando, quel marrano:
Fingerò di non capir.

LEPORELLO
Questa poi la conosco pur troppo!

DON GIOVANNI (lo chiama senza guardarlo)
Leporello!

LEPORELLO (risponde con la bocca piena)
Padron mio.

DON GIOVANNI
Parla schietto, mascalzone!

LEPORELLO (sempre mangiando)
Non mi lascia una flussione
Le parole proferir.

DON GIOVANNI
Mentre io mangio, fischia un poco.

LEPORELLO
Non so far.

DON GIOVANNI
(lo guarda, e s'accorge che sta mangiando)
Cos'è?

LEPORELLO
Scusate.
Sì eccellente è il vostro cuoco,
Che lo volli anch'io provar.

DON GIOVANNI (fra sé)
Sì eccellente è il cuoco mio
Che lo volle anch'ei provar.

590. «*marrano*»: furfante, espressione usata originariamente dagli Spagnoli per offendere Mori ed Ebrei da poco convertiti al cristianesimo
592: Leporello pronuncia questa battuta mentre i musicanti eseguono l'aria '*Non più andrai farfallone amoroso*' dalle *Nozze di Figaro* . Simpatica autoironia del compositore!
596. «*flussione*»: qui significa infiammazione di gola
602-5: «a due»

SCENA SEDICESIMA

Nuovamente è affidata a Donna Elvira la funzione di 'guastafeste', di rendere vano il piacere di Don Giovanni. Musi-

SCENA SEDICESIMA

Don Giovanni, Leporello, suonatori, Donn'Elvira

DONN'ELVIRA (entrando affannosa)
L'ultima prova
Dell'amor mio
Ancor vogl'io

Fare con te.
Più non rammento
Gl'inganni tuoi:
Pietade io sento...

DON GIOVANNI E LEPORELLO

Cos'è, cos'è? (Don Giovanni si alza in piedi, e accoglie Donn'Elvira ridendo)

DONN'ELVIRA (s'inginocchia)

Da te non chiede,
Quest'alma oppressa,
Della sua fede
Qualche mercè.

DON GIOVANNI

Mi meraviglio!
Cosa volete?
Se non sorgete
Non resto in piè.

(s'inginocchia davanti a Donn'Elvira, con affettazione. Dopo un po' si alzano entrambi)

DONN'ELVIRA

Ah, non deridere
Gli affanni miei!

LEPORELLO (fra sé)

Quasi da piangere
Mi fa costei.

DON GIOVANNI

Io te deridere?
Cielo! Perché? (sempre con affettata tenerezza)
Che vuoi, mio bene?

DONN'ELVIRA

Che vita cangi.

DON GIOVANNI

Brava!

DONN'ELVIRA

Cor perfido!

DON GIOVANNI

Lascia ch'io mangi.
E, se ti piace,
Mangia con me.

(torna a sedere, a mangiare ecc.)

calmente il suo ingresso è caratterizzato da un «allegro assai», sostenuto dagli archi e da cinque coppie di fiati.

615. «*quest'alma oppressa*»: questa anima angosciata
617. «*mercè*»: ricompensa
620. «*sorgete*»: vi alzate
621-27 e 635-45: «a tre» dice la partitura, contrapponendo drammaticamente i diversi sentimenti dei protagonisti, con un effetto musicale molto interessante
«*affettazione*»: esagerazione
629. «*che vita cangi*»: che tu cambi vita

635-38: rimani nell'orrendo puzzo della tua malvagità
639. «*muove*»: commuove
655. «*l'uom di sasso*»: la statua di marmo

DONN'ELVIRA
Réstati, barbaro,
Nel lezzo immondo:
Esempio orribile
D'iniquità.

LEPORELLO (fra sé)
Se non si muove
Del suo dolore,
Di sasso ha il core,
O cor non ha.

DON GIOVANNI (bevendo ecc.)
Vivan le femmine!
Viva il buon vino!
Sostegno e gloria
D'umanità!

DONN'ELVIRA (esce, poi rientra mettendo un grido orribile) Ah!
(fugge attraverso un'altra porta)

DON GIOVANNI E LEPORELLO
Che grido è questo mai!

DON GIOVANNI (a Leporello)
Va' a veder che cosa è stato.

LEPORELLO (esce e, prima di tornare, mette un grido ancor più forte)
Ah!

DON GIOVANNI
Che grido indiavolato!
Leporello che cos'è?

LEPORELLO (entra spaventato e chiude l'uscio)
Ah!... signor... per carità...
Non andate fuor... di qua...
L'uom... di... sasso... l'uomo... bianco...
Ah, padrone! io gelo... io manco...
Se vedeste... che... figura...
Se... sentiste... come... fa: (imitando i passi della statua) Ta, ta, ta, ta.

DON GIOVANNI
Non capisco niente affatto.

LEPORELLO
Ta, ta, ta, ta...

DON GIOVANNI
Tu sei matto in verità.
(si sente battere alla porta)
LEPORELLO
Ah! sentite!
DON GIOVANNI
Qualcun batte:
Apri!
LEPORELLO
Io tremo...
DON GIOVANNI
Apri, ti dico!
LEPORELLO
Ah!
DON GIOVANNI
Apri!
LEPORELLO
Ah!
DON GIOVANNI
Matto! Per togliermi d'intrico,
Ad aprir io stesso andrò.
(piglia il lume e va ad aprire)
LEPORELLO (fra sé)
Non vo' più veder l'amico:
Pian pianin m'asconderò.
(si nasconde sotto la tavola)

SCENA DICIASSETTESIMA

Don Giovanni, Leporello e la statua del Commendatore; poi coro interno
(Don Giovanni ritorna seguito dal Commendatore.)

IL COMMENDATORE
Don Giovanni! a cenar teco
M'invitasti, e son venuto.
DON GIOVANNI
Non l'avrei giammai creduto,
Ma farò quel che potrò. (a Leporello)

671. *«per togliermi d'intrico»*: per cavarmi dall' impaccio, cioè: per risolvere la situazione

SCENA DICIASSETTESIMA

La scena è di grande drammaticità, sottolineata dalla profonda voce di basso del Commendatore e alla fine dal vibrare della musica che 'descrive' il vento infernale e le fiamme che avvolgono il peccatore non pentito che si mostra sino alla fine coerente con la sua immagine di arrogante che sfida terra e cielo. Il 'No' definiti-

Leporello, un'altra cena
Fa' che subito si porti!

LEPORELLO
(mezzo fuori col capo dalla mensa)
Ah, padron!... Siam tutti morti!

DON GIOVANNI
Vanne, dico...
(Leporello, con molti atti di paura, va per partire)

IL COMMENDATORE
Ferma un po'!
Non si pasce di cibo mortale
Chi si pasce di cibo celeste:
Altre cure più gravi di queste,
Altra brama quaggiù mi guidò!

LEPORELLO
La terzana d'avere mi sembra,
E le membra fermar più non so.

DON GIOVANNI
Parla, dunque: che chiedi? che vuoi?

IL COMMENDATORE
Parlo, ascolta: più tempo non ho.

DON GIOVANNI
Parla, parla: ascoltando ti sto.
(Insieme con Leporello e col Commendatore che ripetono i precedenti versi.)

IL COMMENDATORE
Tu m'invitasti a cena
Il tuo dover or sai.
Rispondimi verrai
Tu a cenar meco?

LEPORELLO
(da lontano, tremando, al commendatore)
Oibò! Tempo non ha... scusate.

DON GIOVANNI
A torto di viltate
Tacciato mai sarò!

IL COMMENDATORE
Risolvi!

DON GIOVANNI
Ho già risolto!

vo che egli oppone al Commendatore (721) viene spesso eseguito come un urlo tragico, segno di un terrore ormai troppo tardivo. Per contrapposto Leporello è invece dominato solo dal terrore e alla fine non sente alcuna pietà per quello che era il suo padrone.

«*mensa*»: tovaglia

682. «*vanne*»: va dove ti dico

684 ss.: non si nutre di cibo terreno chi viene dal cielo per impegni più importanti

688-90 e 729-36: «a due» dice la partitura che contrappone così in modo diretto il terrore di Leporello allo spirito di sfida di Don Giovanni

688. «*terzana*»: febbre per lo più malarica che compare ogni terzo giorno

689: non riesco a smettere di tremare

699-700: non permetterò che a torto mi si consideri un vigliacco

IL COMMENDATORE
Verrai?
LEPORELLO (a Don Giovanni)
Dite di no.
DON GIOVANNI
Ho fermo il core in petto,
Non ho timor: verrò!
IL COMMENDATORE
Dammi la mano in pegno!
DON GIOVANNI
Eccola! (grida forte)
Ohimè!
IL COMMENDATORE
Cos'hai?
DON GIOVANNI
Che gelo è questo mai!
IL COMMENDATORE
Pèntiti, cangia vita
È l'ultimo momento!
DON GIOVANNI (vuol sciogliersi, ma invano)
No, no, ch'io non mi pento
vanne lontan da me!
IL COMMENDATORE
Pèntiti scellerato!
DON GIOVANNI
No, vecchio infatuato!
IL COMMENDATORE
Pèntiti.
DON GIOVANNI
No.
IL COMMENDATORE E LEPORELLO
Sì.
DON GIOVANNI
No.
IL COMMENDATORE
Ah! tempo più non v'è!
(fuoco da diverse parti, tremuoto, ecc. Il Commendatore sparisce)
DON GIOVANNI
Da qual tremore insolito...

717. «*infatuato*»: fissato, maniaco

723 ss.: la scena, che era cominciata con un «andante», si conclude con un «allegro» di grande forza drammatica

725. «*donde*»: da dove
729-36: «a due»
731. *smania*»: inquietudine

Sento... assalir... gli spiriti...
Donde escono quei vortici
Di fuoco pien d'orror! ...

CORO INVISIBILE

Tutto a tue colpe è poco.
Vieni c'è un mal peggior!

DON GIOVANNI

Chi l'anima mi lacera!...
Chi m'agita le viscere! ...
Che strazio! ohimè! che smania!
Che inferno!... che terror!...

LEPORELLO

Che ceffo disperato!...
Che gesti da dannato!...
Che gridi! che lamenti!
Come mi fa terror!...

CORO INVISIBILE

Tutto a tue colpe è poco.
Vieni: c'è un mal peggior!

(il fuoco cresce. Don Giovanni si sprofonda)

DON GIOVANNI

Ah!

LEPORELLO

Ah!

SCENA DICIOTTESIMA

SCENA DICIOTTESIMA

Tradizionalmente la scena d'insieme chiude l'opera per commentare o celebrare gli eventi. In questo caso la scena è necessaria per ristabilire l' equilibrio sul piano morale e chiudere con serenità e allegria, trattandosi di un 'dram-

Leporello, Donn'Elvira, Donn'Anna, Don Ottavio, Zerlina e Masetto

DONN'ELVIRA, ZERLINA, DON OTTAVIO E MASETTO
(entrando con Donn'Anna e ministri di giustizia)

Ah! dove è il perfido,
Dove è l'indegno?
Tutto il mio sdegno
Sfogar io vo'.

DONN'ANNA

Solo mirandolo
Stretto in catene,

Alle mie pene
Calma darò.

LEPORELLO

Più non sperate
Di ritrovarlo...
Più non cercate:
Lontano andò.

DONN'ANNA, DONN'ELVIRA, ZERLINA, DON OTTAVIO E MASETTO

Cos'è? Favella!

LEPORELLO

Venne un colosso...

DONN'ANNA, DONN'ELVIRA, ZERLINA, DON OTTAVIO E MASETTO

Via, presto, sbrìgati!

LEPORELLO

Ma, se non posso...

DONN'ANNA, DONN'ELVIRA, ZERLINA, DON OTTAVIO E MASETTO

Presto! Favella!

LEPORELLO

Tra fumo e fuoco...
Badate un poco...
L'uomo di sasso...
Fermate il passo...
Giusto là sotto
Diede il gran botto,
Giusto là il diavolo
Se 'l trangugiò.

DONN'ANNA, DONN'ELVIRA, ZERLINA, DON OTTAVIO E MASETTO

Stelle! Che sento!

LEPORELLO

Vero è l'evento.

DONN'ELVIRA

Ah, certo è l'ombra
Che m'incontrò.

DONN'ANNA, ZERLINA, DON OTTAVIO E MASETTO

Ah, certo è l'ombra
Che l'incontrò.

ma giocoso'. La coppia Anna-Ottavio lascerà passare l'anno di lutto obbligatorio. Zerlina e Masetto festeggeranno le nozze e dimenticherano la brutta esperienza. Restano i due protagonisti singoli, Elvira e Leporello, tanto diversi, ma in qualche modo simili nella contraddittorietà del loro atteggiamento di fronte a Don Giovanni: ciascuno cercherà sorte migliore, Elvira in un convento ad espiare e meditare, Leporello alla locanda, in attesa di un nuovo padrone.

752. «*favella*»: parla
763. «*botto*»: colpo forte
765. «*se 'l trangugiò*»: se lo inghiottì
768-71: «a cinque»
770-90: liberati dalla presenza del 'dissoluto' tutti esprimono ora, in un «larghetto», i loro propositi per l'immediato futuro

778-81: «a due»
782. *«in un ritiro»*: in un convento
789. *«Proserpina e Plutone»*: divinità che regnano nell'oltretomba pagano
796-98: la morte dei malvagi è orrenda come orrenda è stata la loro vita

DON OTTAVIO (a Donn'Anna)
Or che tutti, o mio tesoro,
Vendicati siam dal cielo,
Porgi, porgi a me un ristoro:
Non mi far languire ancor.

DONN'ANNA
Lascia, o caro, un anno ancora
Allo sfogo del mio cor.
Al desio di chi t'adora
Ceder deve un fido amor.

DON OTTAVIO
Al desio di chi m'adora
Ceder deve un fido amor..

DONN'ELVIRA
Io men vado in un ritiro
A finir la vita mia!

ZERLINA E MASETTO
Noi, Masetto/Zerlina a casa andiamo,
A cenar in compagnia.

LEPORELLO
Ed io vado all'osteria
A trovar padron miglior.

ZERLINA, MASETTO E LEPORELLO
Resti dunque quel birbon
Con Proserpina e Pluton.
E noi tutti, o buona gente,
Ripetiam allegramente
L'antichissima canzon.

DONN'ANNA E DONN'ELVIRA
Questo è il fin di chi fa mal!

DONN'ANNA, DONN'ELVIRA, DON OTTAVIO, MASETTO E LEPORELLO
Questo è il fin!

ZERLINA
Questo è il fin di chi fa mal!

DONN'ANNA, DONN'ELVIRA, ZERLINA, DON OTTAVIO, MASETTO E LEPORELLO
Questo è il fin di chi fa mal:
E de' perfidi la morte
Alla vita è sempre ugual!

La prima pagina del manoscritto del *Don Giovanni*, conservata presso la Bibliothèque Nationale di Parigi

LA FORTUNA DI *DON GIOVANNI*

Praga, 29 ottobre 1787: un anno e mezzo dopo il trionfale successo dell'opera comica *Le nozze di Figaro*, prima importante collaborazione fra Lorenzo Da Ponte e Wolfgang Amadeus Mozart (Vienna, 1° maggio 1786) va in scena l'opera forse più nota del compositore salisburghese. Pochi ricordano il titolo completo, *Il dissoluto punito ossia Il Don Giovanni*, che porta l'attenzione sulla natura del protagonista e sulle conseguenze a cui essa conduce. Inoltre la definizione *dramma giocoso* ci dice che questo non è e non può essere una tragedia, perché manca la figura dell'eroe sublime, per malvagia grandezza o per virtù, magari perseguitato dalle Furie o da un Fato avverso, a cui cerca invano di opporsi.
È quindi un *dramma*, nel quale si intrecciano destini lieti e tristi, o tragici come la punizione del libertino - la vendetta del cielo -, *giocoso*, quindi con un finale in cui tutto e tutti ritrovano il loro posto e in allegria o con una certa malinconia possono dimenticare la nefasta figura del 'dissoluto'.
La figura di Don Giovanni nasce in Spagna, nel 1630, dalla penna del commediografo Tirso de Molina, che lo chiamò *El burlador de Sevilla.* Ci si potrebbe chiedere se Don Giovanni abbia la statura dei grandi eroi mitici o storici. Come genio del male egli è forse paragonabile, fra gli altri, a Mefistofele che di sé dice «Io son lo spirto che sempre nega»: anche Don Giovanni nega tutto ciò che può anche in minima parte impedire il suo libertinaggio, si tratti di vincoli terreni o di forze celesti. Ma a differenza di Mefistofele che vuole vincere la sfida con Dio (ci riferiamo al 'Prologo in cielo' del *Faust* di Goethe) e cerca di impossessarsi dell'anima del vecchio e amareggiato alchimista, Don Giovanni sfida solo se stesso, la sua capacità di soddisfare il proprio istinto libertino e di sedurre le donne 'pel piacer di porle in lista' (atto primo, scena quinta). L'illimitata sfrenatezza è la sua dimensione e forse anche il suo limite, in quanto per questi 'eccessi' egli appare così disumano da suscitare solo orrore ed esecrazione. Nemmeno Casanova, il libertino per antonomasia (che secondo una leggenda partecipò alla stesura del libretto), raggiunge questa disumanità. Nes-

suno forse degli altri eroi negativi, reali o fittizi, che popolano l'immaginario collettivo è così pervaso dal male.
A questo proposito il critico Beniamino Dal Fabbro scrive: «Il Don Giovanni di Mozart non ha bisogno, come Faust, di venire a patti col Diavolo; egli lo ha in sé, il Diavolo, fa parte della sua umana natura. Sì che il Dio invocato da Flaubert [1] come il diretto creatore del *Don Giovanni*, somiglia più che altro a un Grande Architetto della Musica, allo stesso Mozart, che tutto sa, tutto ha sperimentato, e tutto ha saputo esprimere, trasferendosi via via in ciascuno dei suoi personaggi. »[2]
A completamento di questi giudizi più che lusinghieri sulla creazione mozartiana, vogliamo ricordare solo che Goethe, il padre di Faust, l'altro grande mito moderno, parlando della possibilità di musicare il *Faust* , così si esprimeva nel 1824: «È impossibile... Il sentimento di repulsione, esecrazione, orrore, che la musica a tratti dovrebbe esprimere, è intollerabile per il nostro tempo. Essa dovrebbe avere il carattere del *Don Giovanni.* A Mozart sarebbe spettato di comporre il *Faust.* »
Per quanto strano ci possa sembrare, il *Don Giovanni* non piacque a Vienna, dove era giunto dopo le prime trionfali rappresentazioni a Praga. Ce ne riferisce lo stesso Da Ponte nelle sue *Memorie* [3] narrando come sia nato il libretto che ispirò Mozart. Avendo deciso di produrre tre libretti di natura assai diversa per i suoi compositori prediletti, Martini, Salieri e Mozart, Da Ponte propose a quest'ultimo il *Don Giovanni* «soggetto che infinitamente gli piacque». Nel lavoro lo 'aiutarono' una «bottiglietta di 'tockai' a destra, il calamaio nel mezzo, e una scatola di tabacco di Siviglia a sinistra», oltre alla presenza di una graziosa e voluttuosa sedicenne, figlia della padrona di casa, che egli avrebbe «voluto amare come padre...»
All'imperatore Giuseppe II che dubitava della possibilità di portare avanti contemporaneamente tre libretti tanto diversi, Da Ponte disse: «Scriverò la notte per Mozzart [*sic*] e farò conto di leggere l'*Inferno* di Dante.» Il lavoro durò sessantatré giorni e alla fine ebbe luogo la rappresentazione a Praga a cui Da Ponte non poté assistere, ma della quale un amico, il Guardassoni, gli scrisse: «Evviva Da Ponte, evviva Mozzart. Tutti gli impresari, tutti i virtuosi devono benedirli. Finché essi vivranno, non si saprà mai che sia miseria teatrale. » Ma Vienna non apprezzò affatto l'opera, malgrado si tentassero alcuni adattamenti, tagli e aggiunte. Sentiamo ancora Da Ponte: «E che ne disse l'imperadore? "L'opera è divina: è forse

forse più bella del *Figaro*, ma non è cibo pei denti de' miei viennesi." Raccontai la cosa a Mozzart, il quale rispose senza turbarsi: "Lasciam loro tempo da masticarlo." Non s'ingannò. Procurai, per suo avviso, che l'opera si ripetesse sovente: ad ogni rappresentazione l'applauso cresceva, e a poco a poco anche i signori viennesi da' mali denti ne gustaron il sapore e ne intesero la bellezza, e posero il *Don Giovanni* tra le più belle opere che su alcun teatro drammatico si rappresentassero.»

Sulla fortuna di Don Giovanni attraverso il *Don Giovanni* si potrebbe scrivere a lungo, basti ricordare soltanto che da Byron a Lenau a Richard Strauss poeti e musicisti ne fecero l'eroe di loro opere.

[1] Si riferisce a quanto Gustave Flaubert scrisse nel 1846 a Louise Colet: «Le tre più belle cose che Dio abbia fatto, sono il mare, *Amleto* e il *Don Giovanni* di Mozart.»

[2] Beniamino Dal Fabbro: *Mozart. La Vita. Scritti e appunti 1945-1975,* Feltrinelli, 1975, pag. 58-59

[3] Lorenzo Da Ponte: *Memorie*, Garzanti, 1976, pag. 125 segg.

INDICE

L'italiano per stranieri

Amato
Mondo italiano
testi autentici sulla realtà sociale
e culturale italiana
- libro dello studente
- quaderno degli esercizi

Ambroso e Stefancich
Parole
10 percorsi nel lessico italiano
esercizi guidati

Avitabile
Italian for the English-speaking

Barki e Diadori
Pro e contro 1
conversare e argomentare in italiano
livello intermedio
- libro dello studente
- guida per l'insegnante

Battaglia
Grammatica italiana per stranieri

Battaglia
Gramática italiana para estudiantes de habla española

Battaglia
Leggiamo e conversiamo
letture italiane con esercizi
per la conversazione

Battaglia e Varsi
Parole e immagini
corso elementare di lingua italiana
per principianti

Bettoni e Vicentini
Passeggiate italiane
lezioni di italiano - livello avanzato

Bettoni e Vicentini
Imparare dal vivo**
lezioni di italiano - livello avanzato
- manuale per l'allievo
- chiavi per gli esercizi

Buttaroni
Letteratura al naturale
autori italiani contemporanei
con attività di analisi linguistica

Camalich e Temperini
Un mare di parole
letture ed esercizi di lessico italiano

Cherubini
L'italiano per gli affari
corso comunicativo di lingua
e cultura aziendale
- manuale di lavoro
- 1 audiocassetta

Diadori
Senza parole
100 gesti degli italiani

Gruppo META
Uno
corso comunicativo di italiano
primo livello
- libro dello studente
- libro degli esercizi e sintesi di grammatica
- guida per l'insegnante
- 3 audiocassette

Gruppo META
Due
corso comunicativo di italiano
secondo livello
- libro dello studente
- libro degli esercizi e sintesi di grammatica
- guida per l'insegnante
- 4 audiocassette

Gruppo NAVILE
Dire, fare, capire
l'italiano come seconda lingua
- libro dello studente
- guida per l'insegnante
- 1 audiocassetta

Humphris, Luzi Catizone, Urbani
Comunicare meglio
corso di italiano
livello intermedio-avanzato
- manuale per l'allievo
- manuale per l'insegnante
- 4 audiocassette

Istruzioni per l'uso dell'italiano in classe 1
88 suggerimenti didattici
per attività comunicative

Istruzioni per l'uso dell'italiano in classe 2
111 suggerimenti didattici
per attività comunicative

Jones e Marmini
Comunicando s'impara
esperienze comunicative
- libro dello studente
- libro dell'insegnante

Maffei e Spagnesi
Ascoltami!
22 situazioni comunicative
- manuale di lavoro
- 2 audiocassette

Marmini e Vicentini
Passeggiate italiane
lezioni di italiano - livello intermedio

Marmini e Vicentini
Imparare dal vivo*
lezioni di italiano - livello intermedio
- manuale per l'allievo
- chiavi per gli esercizi

Marmini e Vicentini
Ascoltare dal vivo
manuale di ascolto - livello intermedio
- quaderno dello studente
- libro dell'insegnante
- 3 audiocassette

Paganini
ìssimo
quaderno di scrittura - livello avanzato

Quaderno IT - n. 1
esame per la certificazione
dell'italiano come L2 - livello avanzato
prove del 1994 e del 1995
- volume + audiocassetta

Radicchi e Mezzedimi
Corso di lingua italiana
livello elementare
- manuale per l'allievo
- 1 audiocassetta

Radicchi
Corso di lingua italiana
livello intermedio

Radicchi
In Italia
modi di dire ed espressioni idiomatiche

Spagnesi
Dizionario dell'economia e della finanza

Totaro e Zanardi
Quintetto italiano
approccio tematico multimediale
livello avanzato
- libro dello studente con esercizi
- libro per l'insegnante
- 2 audiocassette
- 1 videocassetta

Ulisse
Faccia a faccia
attività comunicative
livello elementare-intermedio

Urbani
Senta, scusi...
programma di comprensione auditiva
con spunti di produzione libera orale
- manuale di lavoro
- 1 audiocassetta

Urbani
Le forme del verbo italiano

Verri Menzel
La bottega dell'italiano
antologia di scrittori italiani del Novecento

Vicentini e Zanardi
Tanto per parlare
materiale per la conversazione
livello medio-avanzato
- libro dello studente
- libro dell'insegnante

Finito di stampare nel mese di ottobre 1997 dalla TIBERGRAPH s.r.l. - Città di Castello (PG)